ADMINISTRATION DES DOUANES.

TABLEAU

DES

DROITS D'ENTRÉE ET DE SORTIE.

TABLEAU ALPHABÉTIQUE

DES MARCHANDISES

DÉNOMMÉES

AU TARIF GÉNÉRAL

DES DOUANES DE FRANCE,

INDIQUANT LES DROITS DONT ELLES SONT PASSIBLES, AUX TERMES DES LOIS
EN VIGUEUR.

NOUVELLE ÉDITION,

MISE AU COURANT ET PUBLIÉE PAR LES SOINS DE L'ADMINISTRATION.

PARIS,

DE L'IMPRIMERIE ROYALE.

AOÛT 1836.

SOMMAIRE DES MATIÈRES.

AVERTISSEMENT.

L'administration réunit, depuis longtemps, de nombreux documents pour la publication d'une nouvelle édition du Tarif des douanes, dont le besoin est généralement senti. Divers travaux préparatoires ont été faits : il reste à les compléter, en les coordonnant avec les modifications et changements que les lois des 2 et 5 du mois dernier ont apportés dans les taxes d'entrée et de sortie, et les dispositions réglementaires relatives à leur application.

Mais quelque diligence qu'on mette à s'en occuper, ce travail exigera encore un certain temps, sans compter celui que nécessitera l'impression d'un ouvrage comme le Tarif qui, destiné à servir de régulateur pour la perception des droits, et à faire autorité en cette matière, doit offrir, jusque dans ses moindres détails, la plus complète exactitude et la plus grande correction.

On ne peut donc espérer de voir paraître cet ouvrage avant les premiers mois de 1837.

En attendant, et pour éclairer les employés, comme le commerce, sur les changements de tarification résultant des lois sur les douanes récemment promulguées, l'administration publie ici une nouvelle édition, mise au courant, du *Tableau des droits d'entrée et de sortie* imprimé, par ses soins, au mois d'avril de l'année dernière.

Ce tableau, dans lequel on a cherché à réunir les avantages de l'ordre alphabétique et ceux particuliers que présente le classement méthodique adopté pour le Tarif et les états de commerce, offre, ainsi que cela a été expliqué dans le temps, la nomenclature complète de toutes les marchandises dont les taxes d'entrée et de sortie ont été déterminées par les lois et ordonnances en vigueur, et qui sont inscrites, par suite, au Tarif sous leur propre dénomination. Il indique les droits dont elles sont passibles et le titre spécial en vertu duquel la perception en est opérée; enfin, il rappelle, dans des notes de renvoi, les règles particulières qui régissent la tarification de certaines marchandises et les conditions auxquelles la loi en a subordonné l'importation ou l'exportation.

Quelque complet qu'il soit, sous ces différents rapports, le *Tableau des droits d'entrée et de sortie* ne peut sans doute remplacer entièrement le Tarif, puisqu'on n'y trouve ni les explications que contient cet ouvrage sur les signes distinctifs et caractéristiques des marchandises, ni les règles générales relatives à l'application des droits, ni la désignation des marchandises *non dénommées,* c'est-à-dire la nomenclature des marchandises qui, n'étant pas nommément taxées par la loi, sont soumises aux droits qui affectent l'article le plus analogue, conformément à la règle générale établie par la loi du 28 avril 1816; mais comme il reproduit les parties les plus importantes du Tarif, il peut le suppléer très-utilement et même en tenir lieu dans la plupart des cas.

C'est d'ailleurs la seule publication de l'espèce qui ait un caractère officiel, et par conséquent la seule aussi qui, en attendant une nouvelle édition du Tarif, puisse être consultée et invoquée avec confiance par les employés et par les redevables.

Août 1836.

EXPLICATION DES SIGNES

ET ABRÉVIATIONS

DONT ON A FAIT USAGE DANS LE TABLEAU CI-CONTRE.

Un seul astérisque * indique les marchandises qui, taxées à plus de 20 francs par 100 kilogrammes, ou nommément désignées par l'article 8 de la loi du 27 mars 1817, ne peuvent être importées que par certains bureaux, conformément à la restriction d'entrée établie par l'article 20 de la loi du 28 avril 1816. (*Voir, pour la nomenclature de ces bureaux, le tableau n° 1, page 69.*)

On a placé deux astérisques ** 1° aux denrées coloniales de premier ordre, c'est-à-dire à celles qui, dénommées dans l'article 22 de la loi du 28 avril 1816, ne peuvent entrer que par mer, et par les seuls ports d'entrepôt : 2° aux marchandises des colonies françaises admissibles au privilége colonial dont, aux termes de l'article 12 de la loi du 8 floréal an XI, l'importation est restreinte aussi aux seuls ports d'entrepôt. (*Voir, pour la nomenclature de ces ports, le tableau n° 2, page 71.*)

Les lettres B et N qui figurent dans la colonne intitulée : *Unités sur lesquelles portent les droits*, ont pour objet d'indiquer si la taxe doit être prélevée sur le poids *brut* ou sur le poids *net*. La première de ces lettres est relative à l'entrée, la seconde à la sortie : ainsi, le double signe BB veut dire que l'objet auquel il se rapporte paye au brut à l'entrée et à la sortie; le signe NB qu'il paye au net à l'entrée, et au brut à la sortie, et ainsi de suite.

La lettre V remplace le mot *Voyez.*

Les dates qui figurent dans les colonnes intitulées : *Titres de perception*, sont les dates des *lois*, *décrets* ou *ordonnances* qui ont déterminé la quotité des taxes.

Nota On a adopté l'ordre alphabétique, comme plus simple et plus propre à faciliter les recherches mais, pour conserver les avantages du classement méthodique, on a renvoyé, pour l'indication des droits, aux termes génériques sous la rubrique desquels les marchandises sont rangées dans le Tarif et les États de commerce. C'est dans cet objet aussi, qu'on a ajouté au tableau des droits, une colonne intitulée : *Classes du tarif.*

TABLEAU

DES

ARCHANDISES DÉNOMMÉES AU TARIF DES DOUANES (1).

A — ALB

DÉNOMINATION DES MARCHANDISES.	CLASSES du TARIF.	UNITÉS sur lesquelles portent les droits.	ENTRÉE.			SORTIE.	
			TITRES de perception.	DROITS par navires français.	par navires étrangers et par terre.	TITRES de perception.	DROITS.
ACA (*chanvre de manille*). V. Filaments. — *Végétaux filamenteux.*							
LETTE (*écailles d'*). V. Écailles d'ablette.							
SINTHE (*tiges herbacées d'*). V. Herbes médicinales.							
AJOU (*bois d'*). V. Bois d'ébénisterie.							
TATES. V. Sels.				fr. c.	fr. c.		fr. c.
citrique. { Jus de limon *et* de citron, naturel, au-dessous de 30 degrés *	Produits chimiques.	1 kil. B. B.	2 juillet 1836.	0. 01	0. 01	27 juillet 1822.	0. 25 les 100 kil.
Jus de citron concentré de 30 à 35 degrés *	Idem.	1 kil. B. B.	2 juillet 1836.	0. 08	0. 08		
Citrate de chaux	Idem.	1 kil. B. B.	2 juillet 1836.	0. 08	0. 08	28 avril 1816.	0. 25 les 100 kil.
Acide cristallisé *ou* seulement concentré au-dessus de 35 degrés *	Idem.	1 kil. N. B.	2 juillet 1836.	1. 50	1. 60	27 mars 1817.	2. 00 les 100 kil.
sulfurique (*acide vitriolique, esprit ou huile de vitriol*) *	Idem.	100 kil. N. B.	28 avril 1816.	41. 00	45. 10		
nitrique (*eau forte, esprit de nitre*) *	Idem.	100 kil. N. B.	7 juin 1820.	90. 60	98. 60		
DES. { muriatique (*acide marin, esprit de sel*) *	Idem.					28 avril 1816.	0. 25
nitro-muriatique (*eau régale*) *	Idem.	100 kil. N. B.	28 avril 1816.	62. 00	67. 60		
phosphorique *	Idem.						
arsénieux (*arsenic blanc*)	Idem.	100 kil. B. B.	28 avril 1816.	15. 00	16. 50		
tartarique, oxalique *	Idem.	100 kil. N. B.	28 avril 1816.	70. 00	76. 00	27 mars 1817.	2. 00
benzoïque (*fleur de benjoin*) *	Idem.	100 kil. N. B.	28 avril 1816.	120. 00	128. 50		
borique (2)	Idem.	100 kil. B. B.	27 juillet 1822.	0. 25	0. 25	28 avril 1816.	0. 25
acétique *et* pyroligneux (3) V. Boissons fermentées. — *Vinaigre de vin.*							
ER (*fer carburé*). V. Fer.							
USTUM (*oxide de cuivre*). V. Oxides.							
ARIC { Amadouvier .. { brut	Produits et déchets divers.	100 kil. B. B.	28 avril 1816.	1. 00	1. 10		
préparé. — Amadou	Idem.	100 kil. B. B.	28 avril 1816.	13. 00	14. 30	28 avril 1816.	0. 25
de mélèse	Idem.	100 kil. B. B.	28 avril 1816.	17. 00	18. 70		
TES { brutes	Pierres, terres et aut. fossiles.	100 kil. B. B.	27 mars 1817.	15. 00	16. 50		
ouvrées { Chiques	Idem.	100 kil. B. B.	28 avril 1816.	20. 00	22. 00	28 avril 1816.	0. 25 les 100 kil.
autres *	Idem.	1 kil. N. B.	27 mars 1817.	2. 00	2. 20		
NEAUX. V. Moutons.							
RÈS. V. Embarcations.							
ANA. V. Pierres et terres servant aux arts et métiers.							
ÂTRE (4) ... { brut	Pierres, terres et aut. fossiles.	100 kil. B. B.	27 mars 1817.	4. 00	4. 40	28 avril 1816.	0. 05
sculpté, moulé ou poli	Idem.	La valeur.	2 juillet 1836.	15 p. 0/0		28 avril 1816.	0. 01 les 100 k. B.

DÉNOMINATION DES MARCHANDISES.	CLASSES du TARIF.	UNITÉS sur lesquelles portent les droits.	ENTRÉE. TITRES de perception.	ENTRÉE. DROITS par navires français.	ENTRÉE. DROITS par navires étrangers et par terre.	SORTIE. TITRES de perception.	SORTIE. DROIT
				fr. c.	fr. c.		fr.
ALCALIS — Potasses — de la Guiane française **.	Produits chimiques.	100 kil. N. B.	2 juillet 1836.	10. 00	—		
Potasses — d'ailleurs hors d'Europe *.	Idem.	100 kil. N. B.	28 avril 1816.	15. 00	} 21. 00	28 avril 1816.	0.
Potasses — des entrepôts *.	Idem.	100 kil. N. B.	28 avril 1816.	18. 00			
Soudes de toute sorte *.	Idem.	100 kil. B. B.	7 juin 1820.	11. 50	12. 60		
Natrons *.	Idem.	100 kil. B. B.	7 juin 1820.	6. 50	7. 10	21 avril 1816.	0.
Cendres de bois — vives.	Idem.	100 kil. B. B.	28 avril 1816.	1. 00	1. 10	2 juillet 1836.	
Cendres de bois — lessivées (charrée). (5).	Idem.	100 kil. B. B.	27 mars 1817.	0. 10	0. 10	28 avril 1816.	
ALISARI. V. Garance.							
ALOÈS **.	Sucs végétaux.	100 kil. N. B.	27 juillet 1822.	60. 00	65. 50	27 juillet 1822.	0.
—— (fibres d'). V. Filaments. — Végétaux filamenteux.							
ALPISTE et MILLET.	Farineux alimentaires.	100 kil. B. B.	27 juillet 1822.	10. 00	11. 00	27 juillet 1822.	1,
ALQUIFOUX, V. Plomb, — Minerai.							
ALTOS. V. Instruments de musique.							
ALUMINE (sulfate d'). — Alun. V. Sels. — Sulfates.							
ALUN (sulfate d'alumine). V. Sels. — Sulfates.							
AMADOU, V. Agaric.							
AMANDES, V. Fruits oléagineux.							
AMBRE gris *.	Substances prop. à la méd. et à la parfum.	1 kil. N. B.	28 avril 1816.	62. 00	67. 60	28 avril 1816.	0.
AMIDON *.	Compositions diverses.	100 kil. B. B.	28 avril 1816.	21. 00	23. 10	17 mai 1826.	les 100. 0.
AMMONIAC (sel). V. Sels ammoniacaux.							
AMURCA ou MARC D'OLIVE.	Produits et déchets divers.	100 kil. B. B.	28 avril 1816.	1. 00	1. 10	15 mars 1791.	1.
ANCRES. V. Embarcations.							
ANES et ANESSES.	Anim. vivants.	Par tête.	15 mars 1791.	25 centimes.		27 mars 1817.	1.
ANIS étoilé de la Chine. V. Fruits médicinaux. — Badiane.							
—— vert. V. Fruits à distiller.							
ANTALE.	Substances prop. à la méd. et à la parfum.	100 kil. B. B.	28 avril 1816.	7. 00	7. 70	28 avril 1816.	0.
ANTIMOINE * — sulfuré.	Métaux.	100 kil. B. B.	17 mai 1826.	11. 00	12. 10		
ANTIMOINE * — métallique.	Idem.	100 kil. B. B.	17 mai 1826.	26. 00	28. 60	27 mars 1817.	1.
APPARAUX de navire. V. Embarcations. — Agrès.							
APPLICATIONS sur tulle d'ouvrages en dentelle de fil. V. Tissus de coton.							
ARACHIS, V. Fruits oléagineux à dénommer.							
ARDOISES. V. Matériaux.							
ARGENT — brut, en masses, lingots, ouvrages détruits, etc.	Métaux.	1 kil. B. B.	28 avril 1816.	0, 05	0. 05	28 avril 1816.	0.
ARGENT — battu, tiré, laminé ou filé *.	Idem.	1 kil. N. B.	28 avril 1816.	30. 00	33. 00	27 mars 1817.	0.
Ouvrages. V. Orfévrerie et bijouterie.							
Monnaies. V. Monnaies.							
ARGENTAN * — en masses brutes.	Métaux.	100 kil. N. B.	2 juillet 1836.	100. 00	107. 50	28 avril 1816.	0.
ARGENTAN * — laminé.	Idem.	100 kil. N. B.	2 juillet 1836.	200. 00	212. 50		
ARGILES. V. Pierres et terres servant aux arts, etc., ou matériaux à dénommer selon l'espèce.							
ARMES — de guerre (6). — blanches.	Ouvrages en mat. diverses.		24 juillet 1816, 21 avril 1818.	Prohibées.		19 therm. an 4, 24 juillet 1816.	Prohib
ARMES — de guerre (6). — à feu — portatives.	Idem.						
ARMES — de guerre (6). — à feu — d'affût, en bronze ou en fonte.	Idem.						
ARMES — de chasse, de luxe ou de traite *(7). — blanches.	Idem.	100 kil. N. B.	28 avril 1816.	400. 00	417. 50	17 déc. 1814.	5. 0
ARMES — de chasse, de luxe ou de traite *(7). — à feu.	Idem.	100 kil. N. B.	17 déc. 1814.	200. 00	212. 50		

DÉNOMINATION DES MARCHANDISES.	CLASSES du TARIF.	UNITÉS sur lesquelles portent les droits.	ENTRÉE.			SORTIE.	
			TITRES de perception.	DROITS. par navires français.	par navires étrangers et par terre.	TITRES de perception.	DROITS.
RSÉNIATE de potasse. V. Sels.				fr. c.	fr. c.		fr. c.
RSENIC blanc (*acide arsenieux*). V. Acides.							
——— métallique...............................	Métaux.	100 kil. B.B.	28 avril 1816.	17. 00	18. 70	28 avril 1816.	0. 25
SPHALTE. V. Bitumes.							
VELANÈDES. (*cupules de gland*)....................	Teintures et tannins.	100 kil. B.B.	2 juillet 1836.	3. 00	3. 30	28 avril 1816.	0. 25
VELINES. V. Fruits oléagineux.							
VIRONS. V. Ouvrages en bois.							
VOINE. V. Le tableau des céréales, page 58.							
ZUR. V. Cobalt.							
ABLAH (*gousses d'acacia*). V. Gousses tinctoriales.							
ADIANE. V. Fruits médicinaux.							
AIES de genièvre. V. Fruits à distiller.							
——— de nerprun. V. Nerprun.							
ALAIS. V. Ouvrages en bois *ou* Mercerie commune, selon l'espèce.							
ALLES de calibre. V. Plomb.							
AMBOUS. V. Joncs et roseaux.							
ARBOTINE. V. Fruits médicinaux.							
ASSES et BASSONS. V. Instruments de musique.							
ATIMENTS et BATEAUX. V. Embarcations.							
ATISTE. V. Tissus de lin *ou* de chanvre.							
ATS. V. Sellerie.							
Benjoin (*amygdaloïde ou en sorte*)............	Sucs végétaux.	100 kil. N.B.	28 avril 1816.	120. 00	128. 50		
Storax . naturel sec , rouge *ou* calamite..........	Idem.	100 kil. N.B.	28 avril 1816.	41. 00	45. 10		
préparé liquide (*styrax*)...........	Idem.	100 kil. N.B.	28 avril 1816.	13. 00	14. 30	27 juillet 1822.	0. 25 les 100 kil
AUMES ** .... en pains....................	Idem.	100 kil. B.B.	28 avril 1816.	17. 00	18. 70		
de Copahu *ou* du Brésil................	Idem.	1 kil. N.B.	27 juillet 1822.	2. 00	2. 20		
à dénommer....................	Idem.	1 kil. N.B.	28 avril 1816.	10. 00	11. 00		
ÉLIERS. V. Moutons.							
ENJOIN. V. Baumes.							
ÉTEL (*feuilles de*). V. Feuilles médicinales.							
EURRE (8).... frais *ou* fondu...................	Produits et dép. d'anim.	100 kil. B.B.	27 mars 1817.	3. 00	3. 30	28 avril 1816.	5. 00
salé........................	Idem.	100 kil. B.B.	27 mars 1817.	5. 00	5. 50	17 mai 1826.	0. 25
——— de cacao. V. Huile de cacao.							
ÉZOARDS *	Substances prop. à la méd. et à la parfum.	100 kil. N.B.	28 avril 1816.	245. 00	259. 70	28 avril 1816.	0. 25
IÈRE. V. Boissons fermentées.							
IJOUTERIE*(9) d'or. ornée en pierres *ou* perles fines.........	Ouvrages en mat. diverses.	1 hect. N.N.	28 avril 1816.	20. 00	22. 00	28 avril 1816.	1. 00
toute autre.............	Idem.	1 hect. N.N.	28 avril 1816.	20. 00	22. 00	7 juin 1820.	0. 20
d'argent ornée en pierres *ou* perles fines.........	Idem.	1 hect. N.N.	28 avril 1816.	10. 00	11. 00	28 avril 1816.	0. 50
toute autre.............	Idem.	1 hect. N.N.	28 avril 1816.	10. 00	11. 00	7 juin 1820.	0. 20
ILLES de billard en ivoire. V. Tabletterie.							
ILLON (*monnaies de*). V. Monnaies.							
IMBELOTERIE*	Ouvrages en mat. diverses.	100 kil. N.B.	30 avril 1806.	80. 00	86. 50	27 mars 1817.	1. 00
ISCUIT de mer. V. Pain.							
ISMUTH (*étain de glace*). (10). brut... de l'Inde..............	Métaux.	100 kil. B.B.	28 avril 1816. 2 juillet 1836.	0. 50	4. 00		
d'ailleurs..............	Idem.	100 kil. B.B.	28 avril 1816. 2 juillet 1836.	2. 00			
battu *ou* laminé *	Idem.	100 kil. N.B.	28 avril 1816.	60. 00	65. 50	28 avril 1816.	0. 25
ouvré.,..................	Idem.	100 kil. B.	10 brum. an 5.	Prohibé.			

DÉNOMINATION DES MARCHANDISES.	CLASSES du TARIF.	UNITÉS sur lesquelles portent les droits	ENTRÉE. TITRES de perception.	DROITS par navires français.	DROITS par navires étrangers et par terre.	SORTIE. TITRES de perception.	DROITS
				fr. c.	fr. c.		fr. c
Bitumes (11). solides — Houille (12) — par mer — de la frontière d'Espagne aux Sables d'Olonne inclusivement, et par les ports de la Méditerranée.....	Pierres, terres et autres fossiles.	100 kil. B. B.	2 juillet 1836.	0. 30	0. 80		
des Sables-d'Olonne exclusivement à Saint-Malo inclusivement......	Idem.	100 kil. B. B.	2 juillet 1836.	0. 60	1. 10		
de Saint-Malo exclusivement à la frontière de la Belgique........	Idem.	100 kil. B. B.	28 avril 1816.	1. 00	1. 50		
par terre — de la mer à Halluin exclusivement..	Idem.	100 kil. B. B.	2 juillet 1836.	—	0. 60		
d'Halluin à Baisieux exclusivem¹ (13).	Idem.	100 kil. B. B.	2 juillet 1836.	—	0. 30		
Ardennes.. par la rivière de Meuse..	Idem.	100 kil. B. B.	21 avril 1818.	—	0. 10	28 avril 1816.	0. 0
par toute autre voie.....	Idem.	100 kil. B. B.					
Meuse.................	Idem.	100 kil. B. B.	28 avril 1816.	—	0. 15		
Moselle.................	Idem.	100 kil. B. B.	7 juin 1820.	—	0. 10		
autres frontières.........	Idem.	100 kil. B. B.	28 avril 1816.	—	0. 30		
Cendres de)...........	Idem.	100 kil. B. B.	2 juillet 1836.	0. 01	0. 01		
Asphalte ou bitume de judée *.................	Idem.	100 kil. B. B.	28 avril 1816.	21. 00	23. 10		
Succin*.................	Idem.	100 kil. B. B.	28 avril 1816.	37. 00	40. 70		
Jais.................	Idem.	100 kil. B. B.	28 avril 1816.	1. 00	1. 10	28 avril 1816.	0. 5
fluides, sans distinction de couleur.................	Idem.	100 kil. B. B.	2 juillet 1836.	7. 00	7. 70		
Blanc d'argent. V. Carbonate de plomb.							
Blanc de baleine ou de cachalot* de pêche française, brut...	Pêches.	100 kil. B. B.	27 juillet 1822.	0. 20	—		
de pêche étrangère — brut...	Idem.	100 kil. N. B.	17 mai 1826.	40. 00	44. 00	24 nivôse an 5.	1. 0
pressé.................	Idem.	100 kil. N. B.	17 mai 1826.	60. 00	65. 50		
raffiné.................	Idem.	100 kil. N. B.	17 mai 1826.	150. 00	160. 00		
Blanc de plomb. V. Carbonate de plomb.							
Blé de Turquie (*maïs*). V. le tableau des Céréales, page 53.							
Bleu de Prusse ou de Berlin. *.................	Teintures préparées.	100 kil. N. B.	2 juillet 1836.	150. 00	160. 00 plus 10 p. 0/0 de la valeur	2 juillet 1836.	2. 5
Blondes. V. Tissus de soie. — Dentelles.							
Bœufs.................	Anim. vivants.	Par tête.	17 mai 1826.	50 francs.		27 juillet 1822.	1. 0
Bois à brûler (14) en bûches.................	Bois communs.	Le stère.	28 avril 1816.	25 centimes.		15 mars 1791, 22 vent. an 12.	prohibé
en fagots.................	Idem.	Le 100 en b.					
Bois à construire. de pin et de sapin — bruts ou simplement équarris à la hache (15).....	Idem.	Le stère.	28 avril 1816.	10 centimes.		2 juillet 1836.	0. 0
sciés ayant d'épaisseur, plus de 80 millimètres.................	Idem.	Le stère.	28 avril 1816.	15 centimes.		2 juillet 1836.	0. 0
34 à 80 millimètres.................	Idem.	Les 100 mèt. de longueur.	28 avril 1816.	1 franc.		2 juillet 1836.	0. 5
moins de 34 mil. Planches dites Chom.......	Idem.	Les 100 mèt. de longueur.	28 avril 1816.	1 franc.		2 juillet 1836.	0. 5
autres.................	Idem.	Les 100 mèt. de longueur.	28 avril 1816.	1 franc.		2 juillet 1836.	0. 5
autres — bruts ou simplement équarris à la hache (15).....	Idem.	Le stère.	28 avril 1816.	10 centimes.		2 juillet 1836.	0. 5
sciés ayant d'épaisseur, plus de 80 millimètres.................	Idem.	Le stère.	28 avril 1816.	15 centimes.		2 juillet 1836.	0. 5
34 à 80 millimètres.................	Idem.	Les 100 mèt. de longueur.	28 avril 1816.	1 franc.		2 juillet 1836.	1. 0
moins de 34 mil. Planches dites Chom.......	Idem.	Les 100 mèt. de longueur.	28 avril 1816.	1 franc.		2 juillet 1836.	0. 3
autres.................	Idem.	Les 100 mèt. de longueur.	28 avril 1816.	1 franc.		2 juillet 1836.	0. 5
Mâts de 40 cent. de diamètre et au-dessus.	Idem.	La pièce.	27 mars 1817.	7 fr. 50 cent.		27 mars 1817.	37. 5
Mâtereaux de 25 cent. inclus, à 40 cent. exclus.	Idem.	La pièce.	27 mars 1817.	3 francs.		27 mars 1817.	15. 0
Esparres de 15 cent. inclus, à 25 cent. exclus.	Idem.	La pièce.	27 mars 1817.	75 centimes.		27 mars 1817.	3. 7
Pigouilles de 11 cent. inclus, à 15 cent. exclus.	Idem.	La pièce.	27 juillet 1822.	20 centimes.		27 juillet 1822.	1. 0
Manches de gaffe de 6 cent. inclus, à 11 cent. exclus.	Idem.	La pièce.	27 juillet 1822.	10 centimes.		27 juillet 1822.	0. 5
Manches de fouine et de pinceaux à goudron......	Idem.	La pièce.	27 juillet 1822.	2 centimes.		27 juillet 1822.	0. 1

DÉNOMINATION DES MARCHANDISES.	CLASSES du TARIF.	UNITÉS sur lesquelles portent les droits.	ENTRÉE. TITRES de perception.	ENTRÉE. DROITS par navires français.	ENTRÉE. DROITS par navires étrangers et par terre.	SORTIE. TITRES de perception.	SORTIE. DROITS.
				fr. c.	fr. c.		fr. c.
Bois ébéniste-ic. ** — en billes, ou sciés à plus de trois décimètres d'épaisseur — de la Guiane française et du Sénégal, sans distinction d'espèce	Bois exotiques.	100 kil. B.B.	2 juillet 1836.	1.00	—		
Gaïac... des pays hors d'Europe	Idem.	100 kil. B.B.	2 juillet 1836.	2.00	7.00		
des entrepôts	Idem.	100 kil. B.B.	2 juillet 1836.	4.00			
Ébène... des pays hors d'Europe	Idem.	100 kil. B.B.	2 juillet 1836.	4.00	10.50	28 avril 1816.	0.50
des entrepôts	Idem.	100 kil. B.B.	2 juillet 1836.	7.50			
Cèdre... des pays hors d'Europe	Idem.	100 kil. B.B.	2 juillet 1836.	2.50	8.00		
des entrepôts	Idem.	100 kil. B.B.	2 juillet 1836.	5.00			
Buis	Idem.	100 kil. B.B.	2 juillet 1836.	10.00	11.00	28 avril 1816.	2.00
Acajou et autres non dénommés — de l'Inde	Idem.	100 kil. B.B.	2 juillet 1836.	10.00			
d'ailleurs hors d'Europe	Idem.	100 kil. B.B.	2 juillet 1836.	15.00	21.50		
des entrepôts	Idem.	100 kil. B.B.	2 juillet 1836.	18.50			
sciés à 3 décim. d'épaisseur ou moins — de la Guiane française et du Sénégal, sans distinction d'espèce	Idem.	100 kil. B.B.	2 juillet 1836.	1.00	—		
Gaïac... des lieux de production	Idem.	100 kil. B.B.	2 juillet 1836.	2.00	7.00		
d'ailleurs hors d'Europe	Idem.	100 kil. B.B.	2 juillet 1836.	6.00	21.00	28 avril 1816.	0.50
des entrepôts	Idem.	100 kil. B.B.	2 juillet 1836.	12.00			
Ébène... des lieux de production	Idem.	100 kil. B.B.	2 juillet 1836.	4.00	10.50		
d'ailleurs hors d'Europe	Idem.	100 kil. B.B.	2 juillet 1836.	12.00	31.50		
des entrepôts	Idem.	100 kil. B.B.	2 juillet 1836.	22.50			
Cèdre... des lieux de production	Idem.	100 kil. B.B.	2 juillet 1836.	4.00	8.00		
d'ailleurs hors d'Europe	Idem.	100 kil. B.B.	2 juillet 1836.	7.50	24.00		
des entrepôts	Idem.	100 kil. B.B.	2 juillet 1836.	15.00			
Buis... des lieux de production	Idem.	100 kil. B.B.	2 juillet 1836.	10.00	11.00	28 avril 1816.	2.00
d'ailleurs	Idem.	100 kil. B.B.	2 juillet 1836.	30.00	33.00		
Acajou et autres non dénommés — de l'Inde, des lieux de production	Idem.	100 kil. N.B.	2 juillet 1836.	10.00	21.50		
d'ailleurs	Idem.	100 kil. N.B.	2 juillet 1836.	30.00	64.50	28 avril 1816.	0.50
des autres pays hors d'Europe, des lieux de production	Idem.	100 kil. N.B.	2 juillet 1836.	15.00	21.50		
d'ailleurs	Idem.	100 kil. N.B.	2 juillet 1836.	45.00	64.50		
des entrepôts	Idem.	100 kil. N.B.	2 juillet 1836.	55.50			
Bois de ceinture** (16). — en bûches — Fernambouc des pays hors d'Europe	Idem.	100 kil. B.B.	2 juillet 1836.	5.00	12.00		
des entrepôts	Idem.	100 kil. B.B.	2 juillet 1836.	8.00			
de Sapan et de Nicaragua (17) — des pays à l'ouest du cap Horn	Idem.	100 kil. B.B.	2 juillet 1836.	0.75	6.00		
d'ailleurs hors d'Europe	Idem.	100 kil. B.B.	2 juillet 1836.	1.50			
des entrepôts	Idem.	100 kil. B.B.	2 juillet 1836.	3.00		27 juillet 1822.	0.50
autres... des colonies françaises	Idem.	100 kil. B.B.	2 juillet 1836.	0.80	—		
des autres pays hors d'Europe	Idem.	100 kil. B.B.	2 juillet 1836.	1.50	6.00		
des entrepôts	Idem.	100 kil. B.B.	2 juillet 1836.	3.00			
moulus, sans distinction d'espèce ni de provenance	Idem.	100 kil. B.B.	2 juillet 1836.	20.00	22.00		
Bois en éclisses	Bois communs.	Les 1000 feuilles.	28 avril 1816.	2 francs.		28 avril 1816.	2.00
Bois feuillard — de deux mètres de longueur et au-dessous	Idem.	Le 1000 en nombre.	27 mars 1817.	50 centimes.		27 mars 1817.	0.50
de deux à quatre mètres exclusivement	Idem.	Le 1000 en nombre.	27 mars 1817	2 francs.		27 mars 1817.	2.00
de quatre mètres et au-dessus	Idem.	Le 1000 en nombre.	27 mars 1817.	10 francs.		27 mars 1817.	10.00
Bois odorants * — de Sassafras (laurus sassafras)	Bois exotiques.	100 kil. B.B.	28 avril 1816.	20.00	22.00	27 juillet 1822.	0.50
à dénommer	Idem.	100 kil. N.B.	28 avril 1816, 27 mars 1817.	100.00	107.50		

Boissellerie. V. Ouvrages en bois.

1.

DÉNOMINATION DES MARCHANDISES.	CLASSES du TARIF.	UNITÉS sur lesquelles portent les droits.	ENTRÉE.			SORTIE.	
			TITRES de perception.	DROITS		TITRES de perception.	DROITS.
				par navires français.	par navires étrangers et par terre.		
Boissons distillées (18). Eaux-de-vie. de vin, même anisée *	Boissons.	L'hectolitre d'alcool pur.	2 juillet 1836.	50 francs.			fr. c.
de cerises.—Kirschwasser *	Idem.	Idem.	2 juillet 1836.	200 francs.			
de mélasse { des colonies françaises ** (Rhum et tafia).	Idem.	Idem.	2 juillet 1836.	20 francs.		2 juillet 1836.	0. 10
de l'étranger *	Idem.	Idem.	2 juillet 1836.	200 francs.			
de riz—Rack *	Idem.	Idem.	2 juillet 1836.	200 francs.			
de grains, de pommes de terre, de baies d'arbousier, de gentiane, etc.	Idem.	Idem.	15 mars 1791.	Prohibées.			
Liqueurs. de la Martinique **	Idem.	L'hectolitre.	17 mai 1826.	100 francs.		27 mars 1817.	1. 00
d'ailleurs *	Idem.	L'hectolitre.	8 floréal au XI.	150 francs.			
Boissons fermentées * (18). Vins ordinaires en futailles et en outres { par terre	Idem.	L'hectolitre.	28 avril 1816.	15 francs.		2 juillet 1836.	0. 01
par mer	Idem.	L'hectolitre.	28 avril 1816.	35 francs.			
en bouteilles. { par terre	Idem.	L'hectolitre.	28 avril 1816.	15 francs.		2 juillet 1836.	0. 05
par mer	Idem.	L'hectolitre.	28 avril 1816.	35 francs.			
Vins de liqueur (19). en futailles et en outres	Idem.	L'hectolitre.	30 avril 1806.	100 francs.		2 juillet 1836.	0. 01
en bouteilles	Idem.	L'hectolitre.	30 avril 1806.	100 francs.		2 juillet 1836.	0. 05
Vinaigre de vin (acide acétique) en futailles	Idem.	L'hectolitre.	28 avril 1816.	10 francs.		28 avril 1816, 2 juillet 1836.	0. 01
en bouteilles	Idem.	L'hectolitre.	28 avril 1816.	10 francs.		28 avril 1816, 2 juillet 1836.	0. 05
Vinaigre de bière, de cidre, de poiré et de pomme de terre.	Idem.	L'hectolitre.	28 avril 1816.	2 francs.		28 avril 1816.	0. 15
Cidre, poiré, verjus	Idem.	L'hectolitre.	28 avril 1816.	2 francs.		28 avril 1816.	0. 10
Bière	Idem.	L'hectolitre.	28 avril 1816.	6 francs.			
Hydromel (eau miellée, cuite et fermentée)	Idem.	L'hectolitre.	27 mars 1817.	25 francs.		28 avril 1816.	0. 15
Jus d'orange	Idem.	L'hectolitre.	27 mars 1817.	25 francs.			

Boîtes de bois blanc. V. Ouvrages en bois.

Bol d'Arménie. V. Pierres et terres servant aux arts et métiers.

				fr. c.	fr. c.		
Bonbons (20). de Bourbon **	Denr. col. de consommation.	100 kil. N. B.	27 mars 1817, 26 avril 1833.	61. 00	—		
des Antilles et de la Guiane française **	Idem	100 kil. N. B.	27 mars 1817, 26 avril 1833.	70. 00	—	28 avril 1816.	0. 10
de l'Inde *	Idem	100 kil. N. B.	27 mars 1817, 26 avril 1833.	90. 00			
d'ailleurs hors d'Europe *	Idem.	100 kil. N. B.	27 mars 1817, 26 avril 1833.	95. 00	120. 00		
des entrepôts *	Idem.	100 kil. N. B.	27 mars 1817, 26 avril 1833.	105. 00			

Bonneterie. V. Tissus, selon l'espèce.

Borax. V. Sels.

Boucs et Chèvres	Anim. vivants.	Par tête.	27 juillet 1822.	1 fr. 50 cent.		27 juillet 1822.	0. 15
Bougies de blanc de baleine ou de cachalot *	Compositions diverses.	100 kil. N. B.	17 mai 1826.	220. 00	233. 50	28 avril 1816.	0. 25

——— de cire. V. Cire ouvrée.

Boules de bleu ** (21)	Teintures préparées.	1 kil. N. B.	28 avril 1816, art. 16.	Mêmes droits que l'indigo.		28 avril 1816.	5. 00 les 100 kil.

Bourre de soie. V. Soies.

Boutargue. V. Poissons de mer.

Boutons de toute sorte, autres que ceux taxés comme passementerie *	Ouvrages en matières div.	100 kil. N. B.	5 juillet 1836.	Mêmes droits que la mercerie, selon l'espèce.		28 avril 1816.	0. 25

Bouvillons. V. Taureaux.

Boyaux, frais ou salés	Produits et dép. d'anim.	100 kil. B. B.	27 août 1817.	1. 00	1. 10	21 avril 1818.	5. 00

Brai gras et sec. V. Résines indigènes.

DÉNOMINATION DES MARCHANDISES.	CLASSES du TARIF.	UNITÉS sur lesquelles portent les droits.	ENTRÉE.			SORTIE.	
			TITRES de perception.	DROITS Par navires français.	par navires étrangers et par terre.	TITRES de perception.	DROITS.
				fr. c.	fr. c.		fr. c.
rEBIS. V. Moutons.							
rIQUES. V. Matériaux.							
rOCHES en métal pour les peignes à tisser. V. Machines et mécaniques.							
rÔME*	Produits chimiques.	100 kil. B. B.	2 juillet 1836.	40.00	44.00	28 avril 1816.	0.25
rOU de noix	Teintures et tannins.	100 kil. B. B.	28 avril 1816.	1.00	1.10	27 juillet 1822.	0.25
rUYÈRES à vergettes. { brutes	Bois communs.	100 kil. B. B.	27 juillet 1822.	1.00	1.10	28 avril 1816.	0.25
dépouillées de leurs barbes	Idem.	100 kil. B. B.	27 juillet 1822.	10.00	11.00		
uIS (bois de). V. Bois d'ébénisterie.							
ULBES ou oignons	Produits et déchets divers.	100 kil. B. B.	27 mars 1817.	5.00	5.50	28 avril 1816.	0.25
uRAIL. V. Tissus de laine.							
rSSUS de pinnes-marines. V. Pinnes-marines.							
ABLES en fer pour la marine. V. Embarcations.							
——— autres. V. Fer ouvré.							
ACAO. ** (fèves et pellicules). { des colonies françaises	Denr. col. de consommation.	100 kil. N. B.	2 juillet 1836.	40.00	—	28 avril 1816.	0.25
des pays situés à l'ouest du cap Horn	Idem.	100 kil. N. B.	2 juillet 1836.	50.00			
d'ailleurs, hors d'Europe	Idem.	100 kil. N. B.	2 juillet 1836.	55.00	105.00		
des entrepôts	Idem.	100 kil. N. B.	2 juillet 1836.	95.00			
ACHOU en masse **	Teintures préparées.	100 kil. B. B.	2 juillet 1836.	25.00	27.50	27 juillet 1822.	0.25
ADMIE ou Tuthie (oxide de zinc gris). V. Oxides.							
AFÉ **. { des colonies françaises { au-delà du cap	Denr. col. de consommation.	100 kil. N. B.	28 avril 1816.	50.00	—	28 avril 1816.	0.25
en-deçà du cap	Idem.	100 kil. N. B.	28 avril 1816.	60.00	—		
de l'Inde	Idem.	100 kil. N. B.	21 avril 1818, 17 mai 1826.	78.00			
d'ailleurs, hors d'Europe	Idem.	100 kil. N. B.	28 avril 1816.	95.00	105.00		
des entrepôts	Idem.	100 kil. N. B.	28 avril 1816.	100.00			
— (faux). V. Chicorée moulue.							
AILLOUX à faïence ou à porcelaine. V. Pierres et terres servant aux arts et métiers.							
ALAMINE grillée. V. Zinc.							
ALEBASSES vides	Fruits, tiges et filam. à ouvrer.	100 kil. B. B.	28 avril 1816.	13.00	14.30	28 avril 1816.	0.25
AMPÊCHE (bois de). V. Bois de teinture à dénommer.							
AMPHRE**. { brut	Sucs végétaux.	100 kil. N. B.	27 juillet 1822.	75.00	81.20	27 juillet 1822.	0.25
raffiné	Idem.	100 kil. N. B.	27 juillet 1822.	150.00	160.00		
ANÉPICE (casse confite). V. Fruits médicinaux. — Casse.							
ANNELLE ** { de Chine (22) { de l'Inde	Denr. col. de consommation.	1 kil. N. B.	2 juillet 1836.	0.33	1.00	28 avril 1816.	0.04
d'ailleurs	Idem.	1 kil. N. B.	2 juillet 1836.	0.66			
de la Guiane française.	Idem.	1 kil. N. B.	2 juillet 1836.	0.65	—		
autre { de l'Inde	Idem.	1 kil. N. B.	2 juillet 1836.	1.00			
d'ailleurs	Idem.	1 kil. N. B.	2 juillet 1836.	2.00	3.00		
ANTHARIDES (mouches desséchées)*	Substances prop. à la méd. et à la parfum.	100 kil. N. B.	28 avril 1816.	62.00	67.60	28 avril 1816.	0.25
AOUANE V. Écailles de tortue.							

DÉNOMINATION DES MARCHANDISES.	CLASSES du TARIF.	UNITÉS sur lesquelles portent les droits.	ENTRÉE. TITRES de perception.	DROITS par navires français	DROITS par navires étrangers et par terre	SORTIE. TITRES de perception.	DROITS.
				fr. c.	fr. c.		fr. c.
CAOUTCHOUC (*gomme élastique*) ** { des pays hors d'Europe..	Sucs végétaux.	100 kil. B. B.	2 juillet 1836.	10. 00	25. 00	27 juillet 1822.	0. 2
{ des entrepôts.........	Idem.	100 kil. B. B.	2 juillet 1836.	15. 00			
CÂPRES. V. Fruits de table confits.							
CARACTÈRES d'imprimerie * { neufs { en langue française....	Ouvrages en mat. diverses.	100 kil. N. B.	21 avril 1818.	200. 00	212. 50	28 avril 1816.	1. 00
{ en langue allemande....	Idem.	100 kil. N. B.	21 avril 1818.	50. 00	55. 00		
{ en toute autre langue...	Idem.	100 kil. N. B.	21 avril 1818.	100. 00	107. 50		
{ hors d'usage..................	Idem.	100 kil. B. B.	17 mai 1826.	26. 00	28. 60	28 avril 1816.	2. 0
CARAPACES. V. Écailles de tortue.							
CARBONATES. { d'ammoniaque. (*sel volatil*). V. Sels ammoniacaux.							
{ de baryte natif. V. Sels.							
{ de cuivre. V. Vert de montagne.							
{ de magnésie. V. Sels.							
{ de potasse. V. Sels.							
{ de plomb * { pur ou mélangé { Céruse sans distinction de forme..........	Produits chimiques.	100 kil. B. B.	5 juillet 1836.	20. 00	22. 00	28 avril 1816.	0. 25
{ Blanc de plomb.......	Idem.	100 kil. B. B.	28 avril 1816.	30. 00	33. 00		
{ très-pur (*blanc d'argent*)...........	Idem.	100 kil. B. B.	28 avril 1816.	35. 00	38. 50	27 mars 1817.	2. 0
CARBURE de fer. V. Graphite.							
CARDES à carder *et garnitures de*) V. Machines et Mécaniques.							
CARMIN * { fin..................	Couleurs.	1 kil. N. B.	28 avril 1816.	58. 00	63. 40	27 mars 1817.	2. 00 les 100 kil
{ commun.................	Idem.	100 kil. B. B.	28 avril 1816.	33. 00	36. 30		
CAROUGES *ou* CARROBES. V. Fruits de table.							
CARREAUX de terre. V. Matériaux.							
CARILLONS à musique. V. Horlogerie. — Ouvrages montés.							
CARTES { à jouer (23)........................	Papier et ses applications.	100 kil. B.	15 mars 1791.	Prohibées.		27 mars 1817.	1. 00
{ géographiques de portefeuille et d'ornement * (24)......	Idem.	100 kil. N.B.	27 mars 1817.	300. 00	317. 50		
CARTHAME. (*fleur du carthamus tinctoria*).....................	Teintures et tannins.	100 kil. B. B.	2 juillet 1836.	15. 00	16. 50	28 avril 1816.	8. 00
CARTON * { en feuilles... { lustré, à presser les draps...........	Papier et ses applications.	100 kil. N. B.	21 avril 1818.	80. 00	86. 50	28 avril 1816, 2 juillet 1836.	2. 0
{ de papier collé et passé au laminoir.....	Idem.	100 kil. N. B.	27 mars 1817.	150. 00	160. 00	2 juillet 1836.	1. 0
{ autre..................	Idem.	100 kil. N.	27 mars 1817.	150. 00	160. 00	28 avril 1816.	Prohibé
{ moulé, dit *papier mâché*..............	Idem.	100 kil. N.B.	28 avril 1816.	200. 00	212. 50	25 avril 1816.	0. 2.
{ coupé et assemblé.................	Idem.	100 kil. N.B.	27 mars 1817.	100. 00	107. 50		
CASSE. V. Fruits médicinaux.							
CASSIE. (*gousses de*). V. Gousses tinctoriales.							
CASSIA - LIGNEA ** (25)..... { de la Guiane française.............	Denr. col. de consommation.	1 kil. N. B.	2 juillet 1836.	0. 21	—	28 avril 1816.	0. 04
{ de l'Inde.................	Idem.	1 kil. N. B.	2 juillet 1836.	0. 33	1. 00		
{ d'ailleurs.................	Idem.	1 kil. N. B.	2 juillet 1836.	0. 66			

DÉNOMINATION DES MARCHANDISES.	CLASSES du TARIF.	UNITÉS sur lesquelles portent les droits.	ENTRÉE. TITRES de perception.	DROITS. par navires français.	par navires étrangers et par terre.	SORTIE. TITRES de perception.	DROITS.
				fr. c.	fr. c.		fr. c.
...INE. V. Pierres et terres servant aux arts et métiers.							
...OREUM *	Substances prop. à la méd. et à la parfum.	100 kil. N. B. t	28 avril 1816.	184. 00	195. 70	28 avril 1816.	0. 25
...AR. V. Poissons de mer.							
...E (bois de). V. Bois d'ébénisterie.							
...RES bleues ou vertes (notamment vert de Schwinfurt)*	Couleurs.	100 kil. N.B.	28 avril 1816.	164. 00	174. 70	2 juillet 1836.	0. 25
— de bois lessivées (charrée). V. Alcalis.							
— de bois vives. V. Alcalis.							
— de houille. V. Bitumes solides. — Houille.							
...RES et regrets d'orfèvre	Métaux.	100 kil. B. N.	2 juillet 1836.	0. 05	0. 05	2 juin 1820.	50. 00
...SE. V. Carbonate de plomb.							
...ES de Cachemire. V. Tissus de poils.							
...PIGNONS, morilles et mousserons .... { frais	Produits et déchets divers.	100 kil. B. B.	28 avril 1816.	15. 00	16. 50	28 avril 1816.	1. 00
{ secs ou marinés*	Idem.	100 kil. N. B.	28 avril 1816.	50. 00	55. 00		
...DELLES *	Compositions diverses.	100 kil. B. B.	27 juillet 1822.	25. 00	27. 50	17 mai 1826.	0. 25
...VRE. V. Filaments.							
— (fil de). V. Fils.							
...EAUX chinois. V. Instruments de musique.							
— de castor, de laine, de poil, de soie. V. Feutres.							
— de crin. V. Tissus de crin.							
— de paille, d'écorce ou de sparte* (26) { grossiers	Ouvrages en matières div.	La pièce.	5 juillet 1836.	20 centimes.		31 juillet 1810.	0. 05
{ fins. { à tresses cousues...	Idem.	La pièce.	5 juillet 1836.	1 franc.			
{ à tresses engrenées.	Idem.	La pièce.	5 juillet 1836.	1 fr. 25 cent.			
...ON de bois ou de chenevottes. (27)	Bois communs.	L'hectolitre.	28 avril 1816.	5 centimes.		19 therm. an 4.	Prohibé.
...OONS cardières (dipsacus)	Produits et déchets divers.	100 kil. B. B.	28 avril 1816.	1. 00	1. 10	2 juillet 1836.	3. 00
——— (graines de). V. Fruits à ensemencer.							
...OTS. V. Voitures.							
...RÉE (rendres de bois lessivées). V. Alcalis.							
...AIGNES. V. Marrons.							
...x calcinée ou non. V. Matériaux.							
...x carbonatée. V. Pierres et terres servant aux arts et métiers. — Craie.							
...AUX ...... { entiers	Anim. vivants.	Par tête.	5 juillet 1836.	25 francs.		19 therm. an 4.	Prohibés
{ hongres et juments	Idem.	Par tête.	5 juillet 1836.	25 francs.			
{ poulains de toute espèce.	Idem.	Par tête.	17 mai 1826. 5 juillet 1836.	15 francs.		17 mai 1826.	5. 00
...EUX	Dépouilles d'animaux.	100 kil. B. B.	28 avril 1816.	1. 00	1. 10	27 mars 1817.	2. 00
...RAUX	Anim. vivants.	Par tête.	27 juillet 1822.	25 centimes.		27 juillet 1822.	0. 10
...RES. V. Boucs.							
...RÉE moulu ou faux café	Compositions diverses.	100 kil. B.	7 juin 1820.	Prohibée.		28 avril 1816.	0. 25
——— (racines de). V. Racines.							
...s de chasse	Anim. vivants.	Par tête.	13 mars 1791.	50 centimes.		28 avril 1816.	0. 50
...ONS. V. Drilles.							
— imprégnés de couleur bleue. V. Maurelle.							
...SS. V., selon l'espèce, marbres, agates ou pierres ouvrées.							

DÉNOMINATION DES MARCHANDISES.	CLASSES du TARIF.	UNITÉS sur lesquelles portent les droits.	ENTRÉE.			SORTIE.	
			TITRES de perception.	par navires français.	par navires étrangers et par terre.	TITRES de perception.	DROITS
				fr. c.	fr. c.		fr.
CHOCOLAT et Cacao simplement broyé *	Compositions diverses.	100 kil. N. B.	17 déc. 1814.	150. 00	160. 00	24 nivôse an 5.	0.
CHOM (planches dites). V. Bois à construire.							
CHRÔMATES de plomb et de potasse. V. Sels.							
CIDRE. V. Boissons fermentées.							
CIGARES. V. Tabac fabriqué.							
CINABRE (sulfure de mercure). V. Sulfures.							
CIRE (28) non ouvrée — brune non clarifiée, du Sénégal **	Produits et dépouilles d'an.	100 kil. B. B.	27 mars 1817.	3. 00	—	24 nivôse an 5.	10.
jaune — des pays hors d'Europe *	Idem.	100 kil. B. B.	28 avril 1816.	8. 00	15. 00		
des entrepôts	Idem.	100 kil. B. B.	28 avril 1816.	10. 00			
blanche *	Idem.	100 kil. N. B.	28 avril 1816.	60. 00	65. 50	24 nivôse an 5.	1.
Résidu de).	Idem.	100 kil. B. B.	2 juillet 1836.	5. 00	5. 50	28 avril 1816.	0.
ouvrée * — jaune	Compositions diverses.	100 kil. N. B.	28 avril 1816.	50. 00	55. 00	28 avril 1816.	0.
blanche	Idem.	100 kil. N. B.	28 avril 1816.	85. 00	91. 70		
CIRE à cacheter, dite cire d'Espagne * (29)	Ouvrages en matières div.	100 kil. N. B.	28 avril 1816, 5 juillet 1836.	100. 00	107. 50	28 avril 1816.	0.
CITRATE de chaux (acide citrique). V. Acides.							
CITRONS. V. Fruits de table.							
CIVETTE *	Substances prop. à la méd. et à la parfum.	1 kil. N. B.	28 avril 1816.	123. 00	131. 60	28 avril 1816.	0. les 100
CLARINETTES. V. Instruments de musique.							
CLOPORTES. (insectes desséchés). *	Substances prop. à la méd. et à la parfum.	100 kil. N. B.	28 avril 1816.	62. 00	67. 60	28 avril 1816.	0.
CLOUS de girofle. V. Girofle.							
COAK (houille carbonisée). V. Bitumes. — Houille.							
COBALT — Minerai de).	Métaux	100 kil. B. B.	28 avril 1816.	5. 00	5. 50		
Métal de).	Idem.	100 kil. B. B.	28 avril 1816.	17. 00	18. 70	28 avril 1816.	0
grillé. — Safre.	Idem.	100 kil. B. B.	17 mai 1826.	0. 50	0. 50		
vitrifié — en masse. — Smalt *	Idem.		27 mars 1817.	Comme émail, vitrification en masse ou azur, selon l'espèce		27 mars 1817.	Comme émail, vitrification en masse ou azur, selon l'espèce.
en poudre. — Azur *	Idem.	100 kil. B. B.	28 avril 1816.	30. 00	33. 00	28 avril 1816.	0
COCHENILLE ** (30)	Teintures préparées.	1 kil. N. B.	7 juin 1820.	1. 50	1. 60	28 avril 1816.	0 les 100
COCHONS de lait.	Anim. vivants.	Par tête.	27 juillet 1822.	40 centimes.		27 juillet 1822.	0
Coco (coques de). V. Coques.							
—— (noix de). V. Fruits de table frais.							
COLLE — de poisson — de la Guiane française **	Produits et dép. d'anim.	100 kil. N. B.	2 juillet 1836.	40. 00	—		
d'ailleurs *	Idem.	100 kil. N. B.	28 avril 1816.	160. 00	170. 50	28 avril 1816.	0
forte *	Idem.	100 kil. B. B.	5 juillet 1836.	25. 00	27. 50		
COLOPHANE. V. Résines indigènes.							
CONCOMBRES. V. Fruits de table.							
CONFITURES (31) — de Bourbon **	Denr. col. de consommation	100 kil. N. B.	27 mars 1817, 26 avril 1833.	38. 50	—		
des Antilles et de la Guiane française **	Idem.	100 kil. N. B.	27 mars 1817, 26 avril 1833.	45. 00	—	28 avril 1816.	
de l'Inde *	Idem.	100 kil. N. B.	27 mars 1817, 26 avril 1833.	90. 00			
d'ailleurs, hors d'Europe *	Idem.	100 kil. N. B.	27 mars 1817, 26 avril 1833.	95. 00	120. 00		
des entrepôts *	Idem.	100 kil. N. B.	27 mars 1817, 26 avril 1833.	105. 00			
CONTRE-BASSES. V. Instruments de musique.							
CONTREFAÇONS. V. Livres.							

DÉNOMINATION DES MARCHANDISES.	CLASSES du TARIF.	UNITÉS sur lesquelles portent les droits.	ENTRÉE. TITRES de perception.	DROITS par navires français.	DROITS par navires étrangers et par terre.	SORTIE. TITRES de perception.	DROITS.
				fr. c.	fr. c.		fr. c.
...QUES de coco....	Fruits, tiges et filam. à ouvrer.	100kil.B.B.	27 mars 1817.	3.00	3.30	28 avril 1816.	0.25
...QUILLAGES nacrés. V. Nacre de perle.							
——— pleins, V. Moules.							
...RAIL brut. { de pêche française....	Pêches.	100kil.B.B.	27 juillet 1822.	1.00	—	28 avril 1816.	2.00
{ de pêche étrangère....	Idem.	100kil.B.B.	28 avril 1816.	20.00	22.00		
—— taillé, mais non monté*....	Ouvrages en mat. diverses.	1 kil. N.B.	28 avril 1816.	10.00	11.00	28 avril 1816.	0.01
...RDAGES { de chanvre*..	Idem.	100kil.B.B.	17 mai 1826.	25.00	27.50		
de sparte, de tous calibres, fabriqués avec des fils ou tresses battues (veltes)....	Idem.	100 kil. B.B.	5 juillet 1836.	5.00	5.50	28 avril 1816.	0.25
d'autres végétaux. (tilleul, joncs et herbes.)....	Idem.	100kil.B.B.	21 avril 1818.	2.00	2.20		
Filets neufs ou en état de servir*....	Idem.	100kil.B.B.	17 mai 1826.	25.00	27.50		
...DES métalliques. V. Fer de tréfilerie ou cuivre allié de zinc, filé, suivant l'espèce.							
...CORNES de bétail, { brutes....	Matières dures à tailler.	100kil.B.B.	2 juillet 1836.	0.10	0.10	28 avril 1816.	20.00
préparées*....	Idem.	100kil.B.B.	28 avril 1816.	25.00	27.50		
en feuillets.* { long' 19 à 24; larg' 19 à 22 centimètres..	Idem.	104 feuillets.	8 floréal an 11.	8 francs.		28 avril 1816.	0.40
—— 14 à 16; —— 11 à 14....	Idem.	104 feuillets.	8 floréal an 11.	6 francs.		28 avril 1816.	0.30
—— 11 à 14; —— 11....	Idem.	104 feuillets.	8 floréal an 11.	4 francs.		28 avril 1816.	0.20
—— au-dessous de 11....	Idem.	104 feuillets.	8 floréal an 11.	3 francs.		28 avril 1816.	0.15
...NES de cerf et de snack....	Substances prop. à la méd. et à la parfum.	100kil. B.B.	28 avril 1816.	5.00	5.50	28 avril 1816.	0.25
...NICHONS. V. Fruits de table.							
...AS. V. Instruments de musique.							
...TON. V. Filaments.							
—— filé. V. Fils.							
—— (graines de). V. Fruits à ensemencer.							
—— en feuilles cardées, etc. (ouate.) V. Filaments.							
...LEURS à dénommer*.... { sèches ou liquides....	Couleurs.	100kil.B.B.	28 avril 1816.	35.00	38.50	27 mars 1817.	2.00
en pâtes humides....	Idem.	100kil.B.B.	2 juillet 1836.	17.50	19.25		
...PEROSE blanche, bleue ou verte. V. Sels.—Sulfates.							
...TELLERIE....	Ouvrages en mat. diverses.	100 kil. B.	10 brum. an 5.	Prohibée.		27 mars 1817.	1.00
...TIL. V. Tissus de lin ou de chanvre.							
...VERTURES. V. Tissus selon l'espèce.							
...AIE. V. pierres et terres servant aux arts et métiers.							
...AYONS.... { simples en pierre....	Couleurs.	100kil.B.B.	28 avril 1816.	10.00	11.00		
composés* { à gaine de bois blanc..	Idem.	100kil.N.B.	17 mai 1826.	100.00	107.50	28 avril 1816.	0.25
à gaine de cèdre..	Idem.	100kil.N.B.	17 mai 1826.	200.00	212.50		
...ÈME de tartre. V. Sels. — Tartrates.							
...PE. V. Tissus de soie.							
...PON de Zurich. V. Tissus de laine.							
...INS.... { bruts....	Dépouilles d'animaux.	100kil.B.B.	2 juillet 1836.	2.50	2.70	2 juillet 1836.	1.00
préparés, soit frisés, soit en bottes de longueurs assorties..	Idem.	100kil.B.B.	2 juillet 1836.	5.00	5.50	2 juillet 1836.	0.25
...STAL de roche { non ouvré*....	Pierres, terres et aut. fossiles.	100 kil.N.B.	28 avril 1816.	62.00	67.60	28 avril 1816.	0.25
ouvré....	Idem.	100 kil. B.	10 brum. an 5.	Prohibé.			
...STAUX. V. Verres.							
—— de tartre. V. Sels.— Tartrates.							
...OBÉARD. V. Orseille.							
...RS. V. Peaux préparées.							

DÉNOMINATION DES MARCHANDISES.	CLASSES du TARIF.	UNITÉS sur lesquelles portent les droits.	ENTRÉE. TITRES de perception.	DROITS par navires français.	DROITS par navires étrangers et par terre.	SORTIE. TITRES de perception.	DROITS.
				fr. c.	fr. c.		fr. c.
CUIVRE — Minerai..........................	Métaux.	100 kil. B.	2 juillet 1836.	10 centimes.		19 ther. an 4.	Prohibé.
pur... de 1re fusion, en masses, barres ou plaques ou en objets détruits*.. — des pays hors d'Europe.........	Idem.	100 kil. B. B.	2 juillet 1836.	1. 00	3. 00	28 avril 1816.	2. 00
— des entrepôts.....	Idem.	100 kil. B. B.	2 juillet 1836.	2. 00			
laminé en barres ou en planches*..................	Idem.	100 kil. N. B.	5 juillet 1836.	50. 00	55. 00	8 floréal an 11, 28 av. 1816.	0, 25
battu*..................	Idem.	100 kil. N. B.	28 avril 1816.	80. 00	86. 50		
filé*.. teint en jaune, imitant la dorure...........	Idem.	100 kil. N. B.	28 avril 1816, art. 16.	286. 00	302. 80	27 mars 1817.	4. 00
non teint........................	Idem.	100 kil. N. B.	21 avril 1818.	100. 00	107. 50	28 avril 1816.	1. 00
Monnaies..................	Idem.	100 kil. B. B.	21 avril 1818.	20 centimes.		V. la note (32).	0. 20
Ouvrages simplement tournés*..................	Ouvrages en matières div.	100 kil. N. B.	5 juillet 1836.	Mêmes droits que la mercerie selon l'espèce.		28 avril 1816.	1. 00
allié.. de zinc* (laiton.) de 1re fusion en masses, barres ou plaques ou en objets détruits.... — des pays hors d'Europe.........	Métaux.	100 kil. B. B.	2 juillet 1836.	1. 00	3. 00	28 avril 1816.	2. 00
— des entrepôts.....	Idem.	100 kil. B. B.	2 juillet 1836.	2. 00			
laminé en barres ou en planches..........	Idem.	100 kil. N. B.	5 juillet 1836.	50. 00	55. 00		
battu..........	Idem.	100 kil. N. B.	28 avril 1816.	80. 00	86. 50	28 avril 1816.	1. 00
filé... poli, sauf ceux ci-après...........	Idem.	100 kil. B.	3 octobre 1811.	Prohibé.			
non poli ou poli pour cordes d'instruments....................	Idem.	100 kil. N. B.	26 nov. 1811, 21 avril 1818.	100. 00	107. 50		
propre à la broderie............	Idem.	100 kil. N. B.	28 avril 1816.	286. 00	302. 80	27 mars 1817.	4. 00
Ouvrages simplement tournés............	Ouvrages en matières div.	100 kil. N. B.	5 juillet 1836.	Mêmes droits que la mercerie selon l'espèce.		28 avril 1816.	1. 00
d'argent (monnaie de billon)..................	Métaux.	100 kil. B. B.	21 avril 1818.	1. 00	1. 10	V. la note (32).	1. 00
d'étain*. de 1re fusion, en masses, barres ou plaques ou en objets détruits.... — des pays hors d'Europe.........	Idem.	100 kil. B. B.	2 juillet 1836.	1. 00	3. 00		
— des entrepôts.....	Idem.	100 kil. B. B.	2 juillet 1836.	2. 00		28 avril 1816.	2. 00
doré*. en lingots................	Idem.	100 kil. N. B.	28 avril 1816.	147. 00	156. 80		
battu, tiré ou laminé............	Idem.	100 kil. N. B.	28 avril 1816.	286. 00	302. 80		
filé... sur fil..............	Idem.	100 kil. N. B.	28 avril 1816.	327. 00	344. 50	27 mars 1817.	4. 00
sur soie..............	Idem.	100 kil. N. B.	2 juillet 1836.	950. 00	967. 50		
ouvré..........	Idem.	100 kil. B.	10 brum. an 5.	Prohibé.			
argenté*...... en masses ou lingots................	Idem.	100 kil. N. B.	27 mars 1817.	102. 00	109. 60	28 avril 1816.	2. 00
battu, tiré ou laminé............	Idem.	100 kil. N. B.	28 avril 1816.	204. 00	216. 70		
filé.... sur fil........	Idem.	100 kil. N. B.	28 avril 1816.	327. 00	344. 50		
sur soie........	Idem..	100 kil. N. B.	2 juillet 1836.	600. 00	617. 50	27 mars 1817.	4. 00
ouvré..........	Idem.	100 kil. B.	10 brum. an 5.	Prohibé.			
ouvré ou autrement préparé qu'il n'est dit ci-dessus............	Ouvrages en matières div.	100 kil. B.	10 brum. an 5.	Prohibé.		28 avril 1816.	1. 00
Limailles* (33)................	Métaux.	100 kil. B. B.	28 avril 1816, 2 juillet 1836.	10 centimes.		28 avril 1816, 2 juillet 1836.	2. 00
CURCUMA ..... en racines* de l'Inde................	Teintures et tannins.	100 kil. B. B.	2 juillet 1836.	15. 00			
d'ailleurs, hors d'Europe..............	Idem.	100 kil. B. B.	2 juillet 1836.	22. 00	50. 00		
des entrepôts..............	Idem.	100 kil. B. B.	2 juillet 1836.	36. 00		27 juillet 1822.	0. 50
en poudre....................	Idem.	100 kil. B.	17 mai 1826.	Prohibé.			

CYMBALES. V. Instruments de musique.

DÉCHETS de laine. V. Laines.

DÉGRAS de peaux. V. Graisses.

DENTELLES. V. Tissus selon l'espèce.

DÉNOMINATION DES MARCHANDISES.			CLASSES du TARIF.	UNITÉS sur lesquelles portent les droits.	ENTRÉE. TITRES de perception.	DROITS. par navires français.	par navires étrangers et par terre.	SORTIE. TITRES de perception.	DROITS.
						fr. c.	fr. c.		
Dents d'éléphant **	Défenses (34) — entières ou en morceaux de plus d'un kilogr.	du Sénégal	Matières dures à tailler.	100 kil. N.B.	2 juillet 1836.	25. 00	—		
		de l'Inde	Idem.	100 kil. N.B.	2 juillet 1836.	35. 00			
		des comptoirs d'Afrique autres que le Sénégal.	Idem.	100 kil. N.B.	2 juillet 1836.	40. 00	70. 00		
		d'ailleurs	Idem.	100 kil. N.B.	2 juillet 1836.	55. 00			
	en morceaux d'un kilogr. ou moins.	du Sénégal	Idem.	100 kil. N.B.	2 juillet 1836.	50. 00	—		fr. c.
		de l'Inde	Idem.	100 kil. N.B.	2 juillet 1836.	70. 00		28 avril 1816.	0. 25
		des comptoirs d'Afrique autres que le Sénégal.	Idem.	100 kil. N.B.	2 juillet 1836.	80. 00	140. 00		
		d'ailleurs	Idem.	100 kil. N.B.	2 juillet 1836.	110. 00			
	Mâchelières (35)	du Sénégal	Idem.	100 kil. B.B.	2 juillet 1836.	3. 12	—		
		de l'Inde	Idem.	100 kil. B.B.	2 juillet 1836.	4. 37			
		des comptoirs d'Afrique autres que le Sénégal.	Idem.	100 kil. B.B.	2 juillet 1836.	5. 00	8. 75		
		d'ailleurs	Idem.	100 kil. B.B.	2 juillet 1836.	6. 87			
Dents de loup			Idem.	100 kil. B.B.	28 avril 1816.	5. 00	5. 50	28 avril 1816.	0 25
Derle ou Terre de porcelaine. V. Pierres et terres servant aux arts et métiers.									
Diamants. V. Pierres gemmes.									
Drilles et Chiffons			Produits et déchets divers.	100 kil. B.	28 avril 1816.	0. 10	0. 10	19 therm. an 4, 1er pluv. an 13.	Prohibés.
Duvet d'Eyder, de cygne, d'oie, etc. V. Plumes.									
—— de cachemire. V. Poils.									
Eau forte et Eau régale. V. Acides.									
Eaux de senteur. V. Parfumeries.									
—— de-vie. V. Boissons distillées.									
—— distillées. V. Médicaments composés.									
—— minérales — gazeuses, en cruchons de grès commun (contenu et contenant)			Boissons.	100 kil. B.B.	2 juillet 1836.	1. 00	1. 10	28 avril 1816.	0. 25
—— autres (36)			Idem.	100 kil. B.B.	28 avril 1816.	0. 50	0. 50		
Écailles d'ablette			Couleurs.	100 kil. B.B.	28 avril 1816.	5. 00	5. 50	15 mars 1791.	4. 08
Écailles de tortue **	Carapaces et onglons débités en feuilles.	de l'Inde	Matières dures à tailler.	100 kil. N.B.	17 mai 1826, 2 juillet 1836.	100. 00			
		d'ailleurs hors d'Europe.	Idem.	100 kil. N.B.	2 juillet 1836.	150. 00	300. 00		
		des entrepôts.	Idem.	100 kil. N.B.	2 juillet 1836.	200. 00			
	Caouancs et onglons entiers.	de l'Inde	Idem.	100 kil. N.B.	2 juillet 1836.	50. 00			
		d'ailleurs hors d'Europe.	Idem.	100 kil. N.B.	2 juillet 1836.	75. 00	150. 00	28 avril 1816.	0. 25
		des entrepôts.	Idem.	100 kil. N.B.	2 juillet 1836.	100. 00			
	Rognures	de l'Inde	Idem.	100 kil. N.B.	17 mai 1826.	25. 00			
		d'ailleurs hors d'Europe.	Idem.	100 kil. N.B.	17 mai 1826.	37. 50	75. 00		
		des entrepôts.	Idem.	100 kil. N.B.	17 mai 1826.	50. 00			
Échalas			Bois communs.	Le 1000 en nombre.	28 avril 1816.	25 centimes.		28 avril 1816.	1. 00
Écorces — de pin		non moulues	Teintures et tannins.	100 kil. B.B.	28 avril 1816, art. 16.	0. 10	0. 10	28 avril 1816.	4. 00
		moulues	Idem.	100 kil. B.B.	21 avril 1818.	1. 00	1. 10	17 mai 1826.	0. 10
	à tan (37) — de sapin	non-moulues	Idem.	100 kil. B.	28 avril 1816.	0. 10	0. 10		
		moulues. — Tan.	Idem.	100 kil. B.	28 avril 1816.	0. 50	0. 50		
	autres	non moulues	Idem.	100 kil. B.	28 avril 1816.	0. 10	0. 10	28 avril 1816.	Prohibées.
		moulues. — Tan.	Idem.	100 kil. B.	28 avril 1816.	0. 50	0. 50		
	de grenade, d'aulne et de bourdaine		Idem.	100 kil. B.B.	28 avril 1816.	1. 00	1. 10	28 avril 1816.	4. 00
Écorces de tilleul pour cordages. V. Filaments.									
Écorces médicinales — de citron, d'orange et de leurs variétés			Espèces médicinales.	100 kil. B.B.	28 avril 1816.	17. 00	18. 70		
	de quinquina * — des pays situés à l'ouest du cap Horn		Idem.	100 kil. N.B.	2 juillet 1836.	25. 00			
		d'ailleurs	Idem.	100 kil. N.B.	17 mai 1826.	50. 00	100. 00	27 juillet 1822.	0. 25
	à dénommer *		Idem.	100 kil. N.B.	2 juillet 1836.	48. 00	52. 80		
Édredon. V. Plumes.									
Effets à usage (38) — Linge uni, ouvragé ou damassé *			Ouvrages en mat. diverses.	100 kil. N.B.	17 mai 1826.	Même droit que le tissu dont il est formé et le dixième en sus.		17 mai 1826.	0. 25
	Habillemens — neufs *		Idem.		28 avril 1816.	Comme l'étoffe principale dont ils sont formés.		28 avril 1816.	Comme l'ét. principale dont ils sont formés.
	supportés *		Idem.	100 kil. N.B.	15 mars 1791.	51. 00	56. 00	28 avril 1816.	0. 25

2.

DÉNOMINATION DES MARCHANDISES.	CLASSES du TARIF.	UNITÉS sur lesquelles portent les droits.	ENTRÉE. TITRES de perception.	ENTRÉE. DROITS. Par navires français.	ENTRÉE. DROITS. Par navires étrangers et par terre.	SORTIE. TITRES de perception.	SORTIE. DROITS.
Émail. V. Verres et cristaux.				fr. c.	fr. c.		fr. c.
EMBARCATIONS. — en état de servir. Bâtiments de mer	Ouvrages en mat. diverses.	Le tonneau de mer.	21 sept. 1793.	Prohibés.			
Bâteaux de rivière	Idem.	Le t. de mer.	28 avril 1816.	20 francs.		21 avril 1818.	2. 00
à dépécer.... doublées en métal	Idem.	Le t. de mer.	27 mars 1817.	60 centimes.			
non doublées	Idem.	Le t. de mer.	28 avril 1816.	25 centimes.			
Agrès et apparaux de navire, sauf ceux ci-après	Idem.	La valeur.	9 floréal an 7.	10 p. 0/0.		21 avril 1818.	5 p. 0/0
Voiles de navire	Idem.	La valeur.	9 floréal an 7.	10 p. 0/0.		28 avril 1816.	1/4 p. 0/0
Ancres *.... de 250 kilogrammes et au-dessous	Idem.	100 kil. B. B.	17 déc. 1814.	15. 00	16. 50		
au-dessus de 250 kilogrammes	Idem.	100 kil. B. B.	17 déc. 1814.	10. 00	11. 00	27 juillet 1822.	0. 25
draguées de tout poids (39)	Idem.	100 kil. B. B.	2 juillet 1836.	1 franc.			
Câbles en fer pour la marine *	Idem.	100 kil. B. B.	2 juillet 1836.	37. 50	41. 20		
ÉMERI. V. Pierres et terres servant aux arts et métiers.							
ENCRE*..... à dessiner, en tablettes	Couleurs.	1 kil. N. B.	21 avril 1818.	1. 00	1. 10	27 mars 1817.	2. 00 les 100 kil.
liquide, à écrire ou à imprimer	Idem.	100 kil. N. B.	21 avril 1818.	60. 00	65. 50	2 juillet 1836.	0. 25
ENGRAIS	Produits et dép. d'anim.	100 kil. B. B.	28 avril 1816.	10 centimes.		28 avril 1816.	0. 25
ÉPEAUTRE. V. Le tableau des céréales, page 49.							
ÉPICES préparées *. Moutarde (farine ou confection de). — Séuevé	Compositions diverses.	100 kil. B. B.	28 avril 1816.	25. 00	27. 50	28 avril 1816.	0. 25 les 100 kil.
à dénommer	Idem.	1 kil. N. B.	27 mars 1817.	2. 00	2. 20		
ÉPONGES *... communes	Substances prop. à la méd. et à la parfum.	100 kil. N. B.	30 avril 1806.	60. 00	65. 50	28 avril 1816.	0. 25
fines	Idem.	100 kil. N. B.	30 avril 1806.	200. 00	212. 50		
ESPARRES. V. Bois à construire.							
ESPRIT de nitre, de sel et de vitriol. V. Acides.							
ESSENCE de térébenthine. V. Résines indigènes.							
ÉTAIN... brut.... de l'Inde	Métaux.	100 kil. B. B.	2 juillet 1836.	0. 50	4. 00	28 avril 1816.	2. 00
d'ailleurs	Idem.	100 kil. B. B.	2 juillet 1836.	2. 00			
battu ou laminé *	Idem.	100 kil. N. B.	28 avril 1816.	60. 00	65. 50		
Ouvrages d'). Poterie*	Ouvrages en matières diverses.	100 kil. N. B.	5 juillet 1836.	Mêmes droits que la mercerie selon l'espèce.		28 avril 1816.	1. 00
autres	Idem	100 kil. B.	18 brum. an 5.	Prohibés.			
ÉTAIN de glace. V. Bismuth.							
ÉTOUPES. V. Filaments.							
EXTRAITS... d'avelanèdes et de noix de galle	Teintures préparées.	100 kil. B. B.	2 juillet 1836.	10. 00	11. 00	28 avril 1816.	0. 25
de bois de teinture	Idem.	100 kil. B.	7 juin 1820.	Prohibés.			
—— de quinquina. V. Médicaments composés.							
—— de viande, en pains. V. Viandes.							
FAIENCE. V. Poterie.							
FAINES. V. Fruits oléagineux.							
FANONS de baleine*.. bruts.... de pêche française	Pêches.	100 kil. B. B.	27 juillet 1822.	0. 20	—	28 avril 1816.	0. 25
de pêche étrangère	Idem.	100 kil. B. B.	28 avril 1816	30. 00	35. 00		
coupés et apprêtés	Ouvrages en mat. diverses.	100 kil. N. B.	28 avril 1816.	60. 00	65. 50		
FARD. V. Parfumeries.							
FARINES de grains. V. le tableau des céréales, selon l'espèce.							
—— de légumes secs. V. Légumes secs.							
—— de Marrons et châtaignes. V. Marrons et châtaignes.							
—— de moutarde. V. Épices préparées.							
FAUX et faucilles. V. Instruments aratoires.							
FÉCULES. V. Gruaux.							

DÉNOMINATION DES MARCHANDISES.	CLASSES du TARIF.	UNITÉS sur lesquelles portent les droits.	ENTRÉE. TITRES de perception.	DROITS par navires français.	DROITS par navires étrangers et par terre.	SORTIE. TITRES de perception.	SORTIE. DROITS.
				fr. c.	fr. c.		fr. c.
Minerai brut ou lavé — chrômaté (40)	Métaux.	100 kil. B. B.	2 juillet 1836.	10 centimes.		7 juin 1820.	5. 00
— sulfuré ou non	Idem.	100 kil. B.	2 juillet 1836.	10 centimes.		19 therm. an 4.	Prohibé.
Fonte* (41) — en masses, pesant au moins 25 kilogr. — brute — par mer	Idem.	100 kil. B. B.	2 juillet 1836.	7. 00	7. 70		
— de la mer à Blancmisseron exclusivement	Idem.	100 kil. B. B.	2 juillet 1836.	—	7. 00		
— par terre — de Blancmisseron à Sapogne inclusivement	Idem.	100 kil. B. B.	2 juillet 1836.	—	4. 00	27 juillet 1822.	0. 25
— par les autres frontières	Idem.	100 kil. B. B.	27 juillet 1822.	—	6. 00		
— épurée dite mazée	Idem.	100 kil. B. B.	2 juillet 1836.	12. 00	13. 20		
— moulée — pour projectiles de guerre	Idem.		21 avril 1818.	Prohibée.		19 therm. an 4.	Prohibée
— en quelque autre forme que ce soit	Idem.	100 kil. B.	10 brum. an 5.	Prohibée.			
— de toute autre espèce	Idem.	100 kil. B.	21 déc. 1814.	Prohibée.			
forgé en massiaux ou prismes	Idem.	100 kil. B.	21 déc. 1814.	Prohibé			
étiré, en barres* (42) — par navires français et par terre — plates — de 458 mil. (90 lig.) et plus, la largeur multipliée par l'épaisseur	Idem.	100 kil. B. B.	2 juillet 1836.	18 fr. 75 cent.			
— de 213 mil. inclus. à 458 exclus. (42 à 90 lig.), idem	Idem.	100 kil. B. B.	2 juillet 1836.	27 francs.			
— de moins de 213 mil. (42 lig.), idem	Idem.	100 kil. B. B.	2 juillet 1836.	37 fr. 50 cent.			
— carrées de — 22 mil. (10 lig.) et plus, sur chaque face	Idem.	100 kil. B. B.	2 juillet 1836.	18 fr. 75 cent.			
— 15 mil. inclus. à 22 exclus. (7 à 10 lig.), idem	Idem.	100 kil. B. B.	2 juillet 1836.	27 francs.			
— moins de 15 mil. (7 lig.), idem	Idem.	100 kil. B. B.	2 juillet 1836.	37 fr. 50 cent.			
— rondes — 15 mil. (7 lig.) et plus de diamètre	Idem.	100 kil. B. B.	2 juillet 1836.	27 francs.			
— moins de 15 mil. (7 lig.), idem	Idem.	100 kil. B. B.	2 juillet 1836.	37 fr. 50 cent.			
— par navires étrangers — plates — de 458 mil. (90 lig.) et plus, la largeur multipliée par l'épaisseur	Idem.	100 kil. B. B.	2 juillet 1836.	20 fr. 60 cent.		27 juill. 1822.	0. 25
— de 213 mil. inclus. à 458 exclus. (42 à 90 lig.), idem	Idem.	100 kil. B. B.	2 juillet 1836.	29 fr. 70 cent.			
— moins de 213 mil. (42 lig.), idem	Idem.	100 kil. B. B.	2 juillet 1836.	41 fr. 20 cent.			
— carrées de — 22 mil. (10 lig.) et plus, sur chaque face	Idem.	100 kil. B. B.	2 juillet 1836.	20 fr. 60 cent.			
— 15 mil. inclus. à 22 exclus (7 à 10 lig.), idem	Idem.	100 kil. B. B.	2 juillet 1836.	29 fr. 70 cent.			
— moins de 15 mil. (7 lig.), idem	Idem.	100 kil. B. B.	2 juillet 1836.	41 fr. 20 cent.			
— rondes — 15 mil. (7 lig.) et plus de diamètre	Idem.	100 kil. B. B.	2 juillet 1836.	29 fr. 70 cent.			
— moins de 15 mil. (7 lig.), idem	Idem.	100 kil. B. B.	2 juillet 1836.	41 fr. 20 cent.			
platiné ou laminé — noir. — Tôle*	Idem.	100 kil. B. B	21 déc. 1814.	40. 00	44. 00		
— étamé. — Fer-blanc (43)	Idem.	100 kil. N. B.	7 juin 1820.	70. 00	76. 00		
de tréfilerie. — Fil de fer, même étamé* (44)	Idem.	100 kil. N. B.	21 déc. 1814.	60. 00	65. 50		
ouvré ou Ouvrages en fer, tôle ou fer-blanc	Ouvrages en matières div.	100 kil. B.	10 brum. an 5.	Prohibé.			
carburé.- Acier* — naturel et cémenté. — en barres ou tôle	Métaux.	100 kil. N. B.	7 juin 1820.	60. 00	65. 50		
— filé (44)	Idem.	100 kil. N. B.	27 mars 1817.	70. 00	76. 00		
— fondu — en barres	Idem.	100 kil. N. B.	17 mai 1826.	120. 00	128. 50		
— en tôle ou filé (44)	Idem.	100 kil. N. B.	17 mai 1826.	140. 00	149. 50		
— ouvré	Ouvrages en matières div.	100 kil. B.	10 brum. an 5.	Prohibé.			
Limailles et pailles (45)	Métaux.	100 kil. B. B.	28 avril 1816, 2 juillet 1836.	10 centimes.		27 juillet 1822, 2 juillet 1836.	0. 25
Ferraille et mitraille (46)	Idem.	100 kil. B.	17 déc. 1814.	Prohibées.		27 juillet 1822.	0. 25
Mâchefer (47) — par mer	Idem.	100 kil. B. B.	17 mai 1826, 2 juillet 1836.	1. 40	1. 54		
— de la mer à Blancmisseron exclusivement	Idem.	100 kil. B. B.	2 juillet 1836.	—	1. 40	28 avril 1816.	0. 10
— par terre — de Blancmisseron à Sapogne inclusivement	Idem.	100 kil. B. B.	17 mai 1826, 2 juillet 1836.	—	0. 80		
— par les autres frontières	Idem.	100 kil. B. B.	17 mai 1826.	—	1. 20		

DÉNOMINATION DES MARCHANDISES.	CLASSES du TARIF.	UNITÉS sur lesquelles portent les droits.	ENTRÉE. TITRES de perception.	DROITS. par navires français.	DROITS. par navires étrangers et par terre.	SORTIE. TITRES de perception.	DROITS.
Fer-blanc (*fer laminé, étamé*). V. Fer.							
Fernambouc (*bois de*). V. Bois de teinture.							
Ferraille. V. Fer.				fr. c.	fr. c.		fr. c.
Feuilles propres à la tannerie et aux teintures, à dénommer.........	Teintures et tannins.	100 kil. B. B.	28 avril 1816.	1. 00	1. 10	28 avril 1816.	6. 00
Feuilles médicinales — d'oranger (*tiges comprises*).....................	Espèces médicinales.	100 kil. B. B.	27 mars 1817.	1. 00	1. 10		
de lierre (*branches comprises*)................	Idem.	100 kil. B. B.	28 avril 1816.	1. 00	1. 10		
de bétel et de girofle *.................	Idem.	100 kil. N. B.	28 avril 1816.	41. 00	45. 10		
de séné entières ou en grabeau — du Sénégal **.................	Idem.	100 kil. N. B.	2 juillet 1836.	20. 00	—	27 juillet 1822.	0. 25
d'ailleurs, hors d'Europe *...........	Idem.	100 kil. N. B.	2 juillet 1836.	50. 00	100. 00		
des entrepôts*...........	Idem.	100 kil. N. B.	2 juillet 1836.	75. 00			
à dénommer *...................	Idem.	100 kil. B. B.	28 avril 1816.	30. 00	33. 00		
Feutres * — Chapeaux................	Tissus.	La pièce.	5 juillet 1836.	1 fr. 50 cent.			
Schakos — sans garnitures.................	Idem.	La pièce.	15 mars 1791.	3 francs.		7 juin 1820.	0. 05
garnis avec cuir, etc............	Idem.	La pièce.	10 brum. an 5.	Prohibés.			
à doublage................	Idem.	100 kil. N. B.	27 juillet 1822.	100. 00	107. 50	28 avril 1816.	0. 25
autres ouvrages. — *Feutres à filtrer, semelles, etc.*...	Idem.	100 kil. N. B.	V. la note (48).	400. 00	417. 50		
Fifres. V. Instruments de musique.							
Filaments — Écorces de tilleul pour cordages..................	Fruits, tiges et filam. à ouvrer.	100 kil. B. B.	28 avril 1816.	0. 10	0. 10	27 juillet 1822.	1. 00
Chanvre — en tiges brutes, vertes, sèches ou rouies..	Idem.	100 kil. B. B.	27 juillet 1822.	0. 40	0. 40		
teillé et étoupes............	Idem.	100 kil. B. B.	27 juillet 1822.	8. 00	8. 80		
peigné................	Idem.	100 kil. B. B.	27 juillet 1822.	15. 00	16. 50		
Lin — brut, en tiges — vertes	Idem.	100 kil. B. B.	2 juillet 1836.	0. 50	0. 50	27 juillet 1822.	0. 25
sèches	Idem.	100 kil. B. B.	2 juillet 1836.	0. 60	0. 60		
rouies...........	Idem.	100 kil. B. B.	2 juillet 1836.	0. 75	0. 80		
teillé et étoupes................	Idem.	100 kil. B. B.	2 juillet 1836.	5. 00	5. 50		
peigné................	Idem.	100 kil. B. B.	2 juillet 1836.	15. 00	16. 50		
Coton — en laine, sans distinction d'espèce, importé en droiture ** — des colonies françaises.	Idem.	100 kil. N. B.	17 mai 1836.	5. 00	—		
de Turquie........	Idem.	100 kil. N. B.	28 avril 1816.	15. 00	25. 00		
de l'Inde..........	Idem.	100 kil. N. B.	21 avril 1818, 17 mai 1836, 2 juillet 1836.	10. 00			
des autres pays hors d'Europe........	Idem.	100 kil. N. B.	28 avril 1816, 2 juillet 1836.	20. 00	35. 00	28 avril 1816.	0. 50
des entrepôts........	Idem.	100 kil. N. B.	28 avril 1816, 2 juillet 1836.	30. 00			
non égrené **..................	Idem.	100 kil. B. B.	2 juillet 1836.	Le droit du coton pour le quart de son poids, et le droit des graines de coton pour les trois autres quarts.			
en feuilles cardées et gommées.—*Ouate* *	Idem.	100 kil. N. B.	28 avril 1816.	100. 00	107. 50	1er pluv. an 13, 28 avril 1816.	0. 2
Autres végétaux filamenteux (49)................	Idem.	100 kil. B. B.	2 juillet 1836.	Même droit que le chanvre, selon le degré de préparation.		28 avril 1816.	0. 2
Filets. V. Cordages.							

DENOMINATION DES MARCHANDISES.	CLASSES du TARIF.	UNITÉS sur lesquelles portent les droits.	ENTRÉE.			SORTIE.	
			TITRES de perception.	DROITS.		TITRES de perception.	DROITS.
				par navires français.	par navires étrangers et par terre.		
				fr. c.	fr. c.		fr. c.
FILS. de chanvre ou de lin, simples, écrus, bis ou herbés — d'étoupes	Fils.	100 kil. B.B.	27 juillet 1822.	14.00	15.40	17 mai 1826.	0.50
— à voile*	Idem.	100 kil. B.B.	27 juillet 1822.	24.00	26.40		
— de mulquinerie*	Idem.	100 kil. B.B.	27 juillet 1822.	24.00	26.40	2 juillet 1836.	40.00
— autres*	Idem.	100 kil. B.B.	27 juillet 1822.	24.00	26.40		
blanchis*	Idem.	100 kil. B.B.	27 juillet 1822.	34.00	37.40	17 mai 1826.	0.50
teints*	Idem.	100 kil. N.B.	27 juillet 1822.	44.00	48.40		
retors*, écrus — à voile	Idem.	100 kil. N.B.	27 juillet 1822.	29.00	31.90		
— autres	Idem.	100 kil. N.B.	27 juillet 1822.	44.00	48.40		
bis, herbés ou blanchis — à dentelles	Idem.	1 kil. N.B.	17 mai 1826.	10.00	11.00	17 mai 1826.	0.25 les 100 kil.
— autres	Idem.	100 kil. N.B.	28 avril 1816.	62.00	67.60		
teints	Idem.	100 kil. N.B.	28 avril 1816.	123.00	131.60		
mèches d'étoupe dites lunement	Idem.	100 kil. B.	28 avril 1816.	10.00	11.00	28 avril 1816.	0.25
de coton, écrus du n° 143, système métrique et au-dessus (50) — simples	Idem.	1 kil. N. B.	2 juillet 1836.	7.00	7.70		
— retors	Idem.	1 kil. N. B.	2 juillet 1836.	8.00	8.80	1er pluv. an 13, 28 avril 1816.	0.25 les 100 kil.
tous autres, sans distinction d'espèces ni de numéros	Idem.	100 kil. B.	30 avril 1806, 22 déc. 1809.	Prohibés.			
de laine — blanche	Idem.	100 kil. B.	10 brum. an 5.	Prohibés.		27 juillet 1822.	0.25
teinte	Idem.	100 kil. B.	10 brum. an 5.	Prohibés.			
de poil de chien	Idem.	100 kil. B.B.	28 avril 1816.	1.00	1.10	2 juillet 1836.	0.25
de poil de chèvre	Idem.	100 kil. B.B.	28 avril 1816.	20.00	22.00		
de ploc de vache et autres	Idem.	100 kil. B.B.	28 avril 1816.	9.00	9.90	28 avril 1816.	0.25
de tous autres poils à dénommer	Idem.	100 kil. B.	10 brum. an 5.	Prohibés.			

FIL de fer (fer de tréfilerie). V. Fer.

FLAGEOLETS. V. Instruments de musique.

FLEUR de benjoin (acide benzoïque). V. Acides.

— de soufre. V. soufre.

FLEURET. V. Soies. — Bourre filée.

FLEURS artificielles. V. Mode (ouvrages de).

FLEURS médicinales, de lavande et d'oranger, même salées	Espèces médicinales.	100 kil. B.B.	27 mars 1817.	5.00	5.50	27 juillet 1822.	0.25
à dénommer*	Idem.	100 kil. B.B.	28 avril 1816.	40.00	44.00		

FLÛTES. V. Instruments de musique.

FOIN. V. Fourrages.

FOLLICULES de séné. V. Fruits médicinaux.

FONTE. V. Fer.

FORTÉ-PIANO. V. Instruments de musique.

FOULARDS. V. Tissus de soie.

FOURNITURES d'horlogerie. V. Horlogerie.

FOURRAGES — Foin, paille, herbe de pâturage, etc.	Produits et déchets divers.	100 kil. B.B.	28 avril 1816.	10 centimes.		28 avril 1816.	0.50
Son de toute sorte de grains	Idem.	100 kil. B.B.	28 avril 1816.	50 centimes.			

FRISONS peignés. V. Soies. — Bourre cardée.

FROMAGES (51) — blancs de pâte molle	Produits et dép. d'animaux.	100 kil. B.B.	5 juillet 1836.	6.00	6.60	30 avril 1806.	1.00
autres	Idem.	100 kil. B.B.	7 juin 1820.	15.00	16.50		

FROMENT. V. le tableau des Céréales, page 49.

DÉNOMINATION DES MARCHANDISES.	CLASSES du TARIF.	UNITÉS sur lesquelles portent les droits.	ENTRÉE. TITRES de perception.	ENTRÉE. DROITS par navires français et par terre.	ENTRÉE. DROITS par navires étrangers et par terre.	SORTIE. TITRES de perception.	SORTIE. DROITS.
				fr. c.	fr. c.		fr. c.
Fruits à distiller. Anis vert............	Fruits.	100 kil. B. B.	2 juillet 1836.	20. 00	22. 00	28 avril 1816.	0. 25
Baies de genièvre............	Idem.	100 kil. E. B.	28 avril 1816.	1. 00	1. 10		
Fruits à ensemencer. Graines de jardin et de fleurs............	Idem.	100 kil. B. B.	28 avril 1816.	1. 00	1. 10	27 juillet 1822.	1. 00
—— de pastel et de chardons cardières............	Idem.	100 kil. B. B.	28 avril 1816.	1. 00	1. 10	28 avril 1816.	2. 00
—— forestales et de prairie............	Idem.	100 kil. B. B.	28 avril 1816.	1. 00	1. 10		
—— de coton et de garance............	Idem.	100 kil. B. B.	28 avril 1816.	1. 00	1. 10		
Fruits de table frais....... Citrons, oranges et leurs variétés......	Idem.	100 kil. B. B.	27 mars 1817.	10. 00	11. 00		
Noix de coco *............	Idem.	100 kil. B. B.	28 avril 1816.	25. 00	27. 50		
Carrobe ou *Carouge*............	Idem.	100 kil. B. B.	28 avril 1816.	5. 00	5. 50		
à dénommer.. exotiques............	Idem.	100 kil. B. B.	28 avril 1816.	8. 00	8. 80		
indigènes............	Idem.	100 kil. B. B.	30 avril 1806.	4. 00	4. 40	28 avril 1816.	0. 25
secs *ou* tapés. Pistaches *... en coques, même celles vertes.	Idem.	100 kil. N. B.	2 juillet 1836.	48. 00	52. 80		
cassées.	Idem.	100 kil. N. B.	28 avril 1816.	144. 00	153. 70		
à dénommer............	Idem.	100 kil. B. B.	28 avril 1816.	16. 00	17. 60		
confits..... Cornichons et concombres............	Idem.	100 kil. B. B.	28 avril 1816.	17. 00	18. 70		
Olives et picholines *............	Idem.	100 kil. B. B.	28 avril 1816.	36. 00	39. 60		
Câpres *............	Idem.	100 kil. B.	28 avril 1816.	60. 00	65. 50		
à l'eau-de-vie *............	Idem.	100 kil. N. B.	28 avril 1816.	98. 00	105. 40		
Fruits médicinaux. Casse...... sans apprêt *............	Espèces médicinales.	100 kil. N. B.	2 juillet 1836.	25. 00	27. 50		
confite. — Ca-néfice (52). de Bourbon **	Idem.	100 kil. N. B.	27 mars 1817. 26 avril 1833.	61. 00	—		
des Antil. et de la Guhne franç.**	Idem.	100 kil. N. B.	27 mars 1817 26 avril 1833.	70. 00	—		
de l'Inde *	Idem.	100 kil. N. B.	27 mars 1817 26 avril 1833.	90. 00		27 juillet 1822.	0. 25
d'ailleurs, hors d'Europe *	Idem.	100 kil. N. B.	27 mars 1817 26 avril 1833.	95. 00	120. 00		
des entrepôts *	Idem.	100 kil. N. B.	27 mars 1817 26 avril 1833.	105. 00			
Tamarins *.. gousses entières *ou* la pulpe seulement...	Idem.	100 kil. N. B.	27 mars 1817 26 avril 1833.	40. 00	44. 00		
confits dans le sucre............	Idem.	100 kil. N. B.	28 avril 1816.	62. 00	67. 60		
Myrobolans confits *	Idem.	100 kil. N. B.	28 avril 1816.	62. 00	67. 60	28 avril 1816.	0. 25
Badiane ou anis étoilé de la Chine *............	Idem.	100 kil. N. B.	28 avril 1816.	60. 00	65. 50		
Graine de moutarde (*sénevé*)............	Idem.	100 kil. B. B.	28 avril 1816.	5. 00	5. 50		
Barbotine *............	Idem.	100 kil. N. B.	28 avril 1816.	60. 00	65. 50		
Follicules de séné *entières* ou *en gra-beau.* du Sénégal **	Idem.	100 kil. N. B.	2 juillet 1836.	20. 00	—	27 juillet 1822.	0. 25
d'ailleurs, hors d'Europe *	Idem.	100 kil. N. B.	2 juillet 1836.	50. 00	100. 00		
des entrepôts *	Idem.	100 kil. N. B.	2 juillet 1836.	75. 00			
à dénommer *............	Idem.	100 kil. B. B.	28 avril 1816.	35. 00	38. 50		
Fruits oléagineux (53) Amandes... cassées............	Fruits.	100 kil. B. B.	28 avril 1816.	20. 00	22. 00	27 mars 1817.	2. 00
en coques............	Idem.	100 kil. B. B.	2 juillet 1836.	8. 00	8. 80		
Noix, noisettes, avelines et faines............	Idem.	100 kil. B. B.	28 avril 1816.	8. 00	8. 80		
Olives fraiches du cru du pays d'où elles sont importées..	Idem.	100 kil. B. B.	2 juillet 1836.	5. 00	6. 00	27 mars 1817.	4. 00
d'ailleurs............	Idem.	100 kil. B. B.	2 juillet 1836.	5. 60			
Graines..... de ricin............	Idem.	100 kil. B. B.	2 juillet 1836.	15. 00	16. 50		
de lin............	Idem.	100 kil. B. B.	2 juillet 1836.	1. 00	1. 50	17 mai 1826.	0. 25
autres...... par navires français et par terre........	Idem.	100 kil. B. B.	2 juillet 1836.	2 fr. 50 cent.			
par navires étrangers............	Idem.	100 kil. B. B.	2 juillet 1836.	3 francs.			

Fustet. V. Sumac.

Futailles vides. V. Ouvrages en bois.

DÉNOMINATION DES MARCHANDISES.	CLASSES du TARIF.	UNITÉS sur lesquelles portent les droits.	ENTRÉE. TITRES de perception.	DROITS par navires français.	DROITS par navires étrangers et par terre.	SORTIE. TITRES de perception.	DROITS.
GAÏAC (*bois de*). V. Bois d'ébénisterie.							
GALÈNE. V. Plomb.— *Minerai*.							
GALIPOT. V. Résines indigènes.							
GALOUBET. V. Instruments de musique.				fr. c.	fr. c.		fr. c.
GARANCE (54) en racine.... verte........................	Teintures et tannins.	100 kil. B.B.	28 avril 1816.	5.00	5.50	17 mai 1826.	1.00
sèche ou alisari...................	Idem.	100 kil. B.B.	28 avril 1816.	12.00	13.20		
moulue ou en paille *...................	Idem.	100 kil. B.B.	28 avril 1816.	30.00	33.00	17 mai 1826.	0.50
———— (*graines de*). V. Fruits à ensemencer.							
GARNITURES de cardes. V. Machines et mécaniques.							
GAROU (*racine de*)...........................	Teintures et tannins.	100 kil. B.B.	28 avril 1816.	1.00	1.10	28 avril 1816.	4.00
GAUDE...........................	Idem.	100 kil. B.B.	28 avril 1816.	1.00	1.10	2 juillet 1836.	1.00
GAZE. V. Tissus de soie.							
GAZETTES ET JOURNAUX. V. Livres.							
GENESTROLLE ou Genêt des teinturiers..........	Teintures et tannins.	100 kil. B.B.	28 avril 1816.	1.00	1.10	28 avril 1816.	6.00
GÉNISSES...................................	Anim. vivants.	Par tête.	27 juillet 1822.	12 fr. 50 cent		27 juillet 1822.	1.50
GIBIER vivant...........................	Idem.	La valeur.	27 mars 1817.	2 pour 0/0.		20 avril 1816.	1/4 p. 0/0
———— mort. V. Viandes.							
GINGEMBRE...........................	Denr. col. de consommation.	100 kil. B.B.	28 avril 1816.	20.00	22.00	28 avril 1816.	0.25
GINSENG. V. Racines médicinales.							
GIROFLE.... clous (*fleurs*).. ** de Bourbon....................	Denr. col. de consommation	1 kil. N.B.	2 juillet 1836.	0.50	—		
de la Guiane française.............	Idem.	1 kil. N.B.	2 juillet 1836.	0.60	—		
des autres colonies françaises........	Idem.	1 kil. N.B.	2 juillet 1836.	0.75	—		
de l'Inde......................	Idem.	1 kil. N.B.	2 juillet 1836.	1.00	3.00		
d'ailleurs, hors d'Europe...........	Idem.	1 kil. N.B.	2 juillet 1836.	1.80			
des entrepôts.................	Idem.	1 kil. N.B.	2 juillet 1836.	2.00		28 avril 1816.	0.25 les 100 kil.
griffes ** (*pédicules*) (55) de Bourbon....................	Idem.	1 kil. N.B.	2 juillet 1836.	0.12	—		
de la Guiane française.............	Idem.	1 kil. N.B.	2 juillet 1836.	0.15	—		
des autres colonies françaises........	Idem.	1 kil. N.B.	2 juillet 1836.	0.18	—		
de l'Inde......................	Idem.	1 kil. N.B.	2 juillet 1836.	0.25	0.75		
d'ailleurs, hors d'Europe...........	Idem.	1 kil. N.B.	2 juillet 1836.	0.45			
des entrepôts.................	Idem.	1 kil. N.B.	2 juillet 1836.	0.50			
feuilles de). V. Feuilles médicinales.							
GLU...........................	Sucs végétaux.	100 kil. B.B.	28 avril 1816.	15.00	16.50	27 juillet 1822.	0.25
GOMME ÉLASTIQUE. V. Caoutchouc.							
GOMMES pures d'Europe *........................	Sucs végétaux.	100 kil. B.B.	28 avril 1816.	1.00	1.10	19 therm. an 4.	10.20
exotiques **.. du Sénégal....................	Idem.	100 kil. B.B.	28 avril 1816.	10.00	—	27 juillet 1822.	0.25
des autres pays hors d'Europe........	Idem.	100 kil. B.B.	28 avril 1816.	20.00	30.00		
des entrepôts................	Idem.	100 kil. B.B.	28 avril 1816.	25.00			
GOUDRON. V. Résines indigènes.							
GOUSSES tinctoriales (56) du Sénégal et de la Guiane française **.............	Teintures et tannins.	100 kil. B.B.	2 juillet 1836.	0.25	—	28 avril 1816.	0.25
de l'Inde......................	Idem.	100 kil. B.B.	2 juillet 1836.	2.00	7.00		
d'ailleurs, hors d'Europe................	Idem.	100 kil. B.B.	2 juillet 1836.	3.00			
des entrepôts.................	Idem.	100 kil. B.B.	2 juillet 1836.	5.00			

3

DÉNOMINATION DES MARCHANDISES.	CLASSES du TARIF.	UNITÉS sur lesquelles portent les droits.	ENTRÉE. TITRES de perception.	DROITS. par navires français.	par navires étrangers et par terre.	SORTIE. TITRES de perception.	DROITS.
				fr. c.	fr. c.		fr. c.
GRAINES d'amome *	Denr. col. de consommation.	100 kil. N. B.	28 avril 1816.	123. 00	131. 60	28 avril 1816.	8. 00
——— d'écarlate. V. Kermès.							
——— de fleurs, de garance, de jardin, etc. V. Fruits à ensemencer.							
——— de lin et de ricin. V. Fruits oléagineux.							
——— de rocou. V. Rocou.							
——— de vesce. V. Vesce.							
GRAINS. V. le tableau des Céréales, selon l'espèce.							
——— durs à tailler	Fruits, tiges et filam. à ouvrer.	100 kil. B. B.	27 mars 1817.	12. 00	13. 20	28 avril 1816.	0. 25
——— de verre. V. Verres et cristaux. — Vitrifications.							
——— perlés ou mondés	Farineux alimentaires.	100 kil. B. B.	30 avril 1806.	12. 00	13. 20	27 juillet 1822.	0. 25
GRAISSES... de mouton, suif brut et saindoux...	Produits et dépouilles d'anim.	100 kil. B. B.	2 juillet 1836.	10. 00	13. 00		
de cheval, d'ours et toutes autres	Idem.	100 kil. B. B.	28 avril 1816.	19. 00	20. 90	17 mai 1826.	1. 00
Dégras de peaux *... des pays hors d'Europe	Idem.	100 kil. N. B.	17 mai 1826.	40. 00			
des entrepôts	Idem.	100 kil. N. B.	17 mai 1826.	48. 00	56. 00	27 juillet 1822.	0. 25
GRAISSES de poisson * de pêche française	Pêches.	100 kil. B. B.	27 juillet 1822.	0. 15	—		
de pêche étrangère... des pays hors d'Europe	Idem.	100 kil. N. B.	17 mai 1826.	40. 00		27 juillet 1822.	0. 25
des entrepôts	Idem.	100 kil. N. B.	17 mai 1826.	48. 00	56. 00		
GRAPHITE (carbure de fer dite mine de plomb noire ou plombagine)	Métaux.	100 kil. B. B.	28 avril 1816.	5. 00	5. 50	28 avril 1816.	3. 00
GRAVURES et lithographies de portefeuille et d'ornement * (57)	Papier et ses applications.	100 kil. N. B.	27 juillet 1822, 2 juillet 1836.	300. 00	317. 50	27 mars 1817.	1. 00
GRÈS (poterie de). V. Poterie.							
GRIGNON (marc d'olive entièrement sec)	Produits et déchets divers.	100 kil. B. B.	28 avril 1816, article 16.	1. 00	1. 10	1er août 1792.	1. 02
GROISIL ou verre cassé	Vitrifications.	100 kil. B. B.	2 juillet 1836.	0. 10	0. 10	2 juillet 1836.	1. 00
GROISON. V. Pierres et terres servant aux arts et métiers.							
GROSSES CAISSES. V. Instruments de musique.							
GRUAUX et FÉCULES	Farineux alimentaires.	100 kil. B. B.	28 avril 1816.	7. 00	7. 70	27 juillet 1822.	0. 25
GUI de chêne. V. Herbes médicinales.							
GUITARES. V. Instruments de musique.							
GYPSE... commun. V. Matériaux. — Plâtre.							
cristallisé. V. Albâtre.							
HABILLEMENTS. V. Effets à usage.							
HALIOTIDES. (coquillages nacrés.) V. Nacre de perle.							
HARMONICA, harpes, hautbois. V. Instruments de musique.							
HERBES médicinales. Gui de chêne	Espèces médicinales.	100 kil. B. B.	27 mars 1817.	1. 00	1. 10		
Absinthe (artemisia)	Idem.	100 kil. B. B.	28 avril 1816.	5. 00	5. 50	27 juillet 1822.	0. 25
à dénommer *	Idem.	100 kil. B. B.	28 avril 1816.	30. 00	33. 00		
HERBES de pâturage. V. Fourrages.							
HOMARDS.... de pêche française (58)	Pêches.	100 kil. B.	....	Exempts.		28 avril 1816.	0. 25
de pêche étrangère	Idem.	100 kil. B. B.	27 mars 1817.	1. 00	1. 10		

DÉNOMINATION DES MARCHANDISES.	CLASSES du TARIF.	UNITÉS sur lesquelles portent les droits.	ENTRÉE.			SORTIE.	
			TITRES de perception.	DROITS par navires français.	par navires étrangers et par terre.	TITRES de perception.	DROITS
Horlogerie. Ouvrages montés (59) — Montres — à boîtes d'argent et de métal autre que l'or... mouvements ordinaires à roues de rencontre...	Ouvrages en mat. diverses.	La pièce.	2 juillet 1836.	1 fr. 10 cent.			fr. c.
mouvements à la Lépine, répétitions et autres genres........	Idem.	La pièce.	2 juillet 1836.	1 fr. 80 cent.			
à boîtes d'or. mouvements ordinaires à roues de rencontre...	Idem.	La pièce.	2 juillet 1836.	3 fr. 10 cent.			
mouvements simples à la Lépine, répétitions ordinaires........	Idem.	La pièce.	2 juillet 1836.	4 fr. 40 cent.		27 mars 1817.	3. 05 les 100 k. B.
répétitions à la Lépine et autres genres.....	Idem.	La pièce.	2 juillet 1836.	6 francs.			
sans boîtiers.................	Idem.	La valeur.	2 juillet 1836.	10 p. 0/0			
Mouvements de toute sorte..............	Idem.	La valeur.	2 juillet 1836.	10 p. 0/0			
Carillons à musique..........	Idem.	1 kil. N. B.	2 juillet 1836.	10f 00c	11f 00c		
Horloges en bois*..........................	Idem.	La pièce.	28 avril 1816.	1 franc.		28 avril 1816.	0. 05
Fournitures *..........................	Idem.	1 kil. N. B.	2 juillet 1836.	5. 00	5. 50	28 avril 1816.	0. 05
Houblon *.....................	Produits et déchets divers.	100 kil. N. B.	17 mai 1826.	60. 00	65. 50	28 avril 1816.	2. 00
Houille. V. Bitumes.							
Huiles * ... de rose et de cannelle.................	Sucs végétaux.	1 kil. N. B.	28 avril 1816.	100. 00	107. 50		
de Rhodes (ou bois de Rhodes, dit bois de rose).....	Idem.	1 kil. N. B.	28 avril 1816.	98. 00	105. 40		
de macis et de muscade.....................	Idem.	1 kil. N. B.	28 avril 1816.	9. 00	9. 90		
de citron, d'orange et de leurs variétés.............	Idem.	1 kil. N. B.	28 avril 1816.	4. 00	4. 40		
de girofle et de sassafras.................	Idem.	100 kil. N. B.	28 avril 1816, 27 mars 1817.	900. 00	917. 50		
de fenouil et d'anis.................	Idem.	100 kil. N. B.	28 avril 1816.	408. 00	425. 50		
ambrée (huile de ben ou autre chargée d'ambre)......	Idem.	100 kil. N. B.	28 avril 1816.	204. 00	216. 70	27 mars 1817.	2. 00 les 100 kil.
de romarin et autres de labiées.............	Idem.	100 kil. N. B.	28 avril 1816.	164. 00	174. 70		
de gaïac.................	Idem.	100 kil. N. B.	28 avril 1816.	102. 00	109. 60		
de jasmin et d'autres fleurs.............							
de sauge et de marjolaine.......	Idem.	100 kil. N. B.	28 avril 1816.	74. 00	80. 20		
de cade, genièvre, cèdre, cédria....... d'oxicèdre, sandaraque ou tuya et lavande.............	Idem.	100 kil. N. B.	28 avril 1816.	62. 00	67. 60		
de cacao, ou beurre de cacao.............							
de laurier.................	Idem.	100 kil. B. B.	27 juillet 1822.	25. 00	30. 00		
de pignon et de ricin ou palma-christi.............							
d'amande.................							
de palme { du cru du pays d'où l'huile est importée.....	Idem.	100 kil. B. B.	2 juillet 1836.	12. 50	15. 00	27 juillet 1822.	0. 50
d'ailleurs.................	Idem.	100 kil. B. B.	2 juillet 1836.	14. 00			
d'olive { du cru du pays d'où l'huile est importée.....	Idem.	100 kil. B. B.	2 juillet 1836.	25. 00	30. 00		
d'ailleurs.................	Idem.	100 kil. B. B.	2 juillet 1836.	28. 00			
de faine et de noix.................	Idem.	100 kil. B. B.	27 juillet 1822.	25. 00	30. 00		
de graines grasses.................	Idem.	100 kil. B. B.	27 juillet 1822.	25. 00	30. 00	17 mai 1826.	0. 25
Huile de Poisson. V. Graisses de poisson.							
Huile de vitriol (acide sulfurique). V. Acides.							
Huîtres.... fraîches.. { de pêche française (60)...........	Pêches.	Le 1000 en nombre.	....	Exemptes.		2 juillet 1836.	0. 01
de pêche étrangère.........	Idem.	Le 1000 en n.	15 mars 1791, 2 juillet 1836.	1. 50	5. 00		
marinées de toute pêche*.................	Idem.	100 kil. B. B.	28 avril 1816.	25. 00	27. 50	24 nivôse en 8, 2 niv. au 7.	1. 01
Hydromel. V. Boissons fermentées.							

3.

DÉNOMINATION DES MARCHANDISES.	CLASSES du TARIF.	UNITÉS sur lesquelles portent les droits.	ENTRÉE.			SORTIE.	
			TITRES de perception.	DROITS		TITRES de perception.	DROITS.
				par navires français.	par navires étrangers et par terre.		
INDE-PLATE **..	Teintures préparées.	1kil. N.B.	28 avril 1816.	Mêmes droits que l'indigo.		28 avril 1816.	fr. c. 5. 00 les 100 kil.
INDIGO ** { des pays hors d'Europe. { de l'Inde et autres pays où il est récolté..	Idem.	1kil. N.B.	17 mai 1826. 2 juillet 1836.	fr. c. 0. 50	fr. c. 4. 00	28 avril 1816.	0. 50 les 100 kil.
autres.........	Idem.	1kil. N.B.	17 mai 1826. 2 juillet 1836.	2. 00		28 avril 1816.	
des entrepôts............	Idem.	1kil. N.B.	17 mai 1826. 2 juillet 1836.	3. 00			
INDIQUE **..	Idem.	1kil. N.B.	28 avril 1816.	Mêmes droits que l'indigo.		28 avril 1816.	5. 00 les 100 kil.
INSTRUMENTS aratoires * (61). { Faux.	Ouvrages en mat. diverses	100kil. N.B.	27 juill. 1822.	150. 00	160. 00	27 mars 1817.	1. 00
Faucilles et tous autres..............	Idem.	100kil. N.B.	17 déc. 1814.	80. 00	86. 50		
INSTRUMENTS de chimie et de chirurgie*..........................	Idem.	La valeur.	15 mars 1791.	10 p. 0/0.		28 avril 1816.	1/4 p.0/0
INSTRUMENTS de musique* { Fifres, flageolets et galoubets......................	Idem.	La pièce.	15 mars 1791.	63 centimes.		28 avril 1816.	0. 04
Flûtes, poches et triangles	Idem.	La pièce.	15 mars 1791.	75 centimes.			
Sistres, mandolines, psaltérions, luths..............	Idem.	La pièce.	15 mars 1791.	1 fr. 50 centimes.		28 avril 1816.	0. 08
Tambours, tambourins, timbales, tympanons et cymbales (la paire)...............							
Altos, violes, violons, bassons, guitares, lyres........							
Cors, serinettes, serpents, trompes, trompettes et trombones................	Idem.	La pièce.	15 mars 1791.	3 francs.		28 avril 1816.	0. 15
Clarinettes et hautbois..............	Idem.	La pièce.	15 mars 1791.	4 francs.		28 avril 1816.	0. 20
Vielles simples....................	Idem.	La pièce.	15 mars 1791.	5 francs.		28 avril 1816.	0. 25
Basses, contrebasses, chapeaux chinois et grosses caisses.	Idem.	La pièce.	15 mars 1791.	7 fr. 50 centimes.		28 avril 1816.	0. 38
Épinettes, harmonica, vielles organisées et orgues portatives	Idem.	La pièce.	15 mars 1791.	18 francs.		28 avril 1816.	0. 90
Harpes....................	Idem.	La pièce.	15 mars 1791.	36 francs.		28 avril 1816.	
Forté-piano. { carrés....................	Idem.	La pièce.	17 déc. 1814.	300 francs.		28 avril 1816.	1. 00
à queue ou en buffet...............	Idem.	La pièce.	17 déc. 1814.	400 francs.			
Orgues d'église....................	Idem.	La pièce.	28 avril 1816.				
à dénommer....................	Idem.	La pièce.	28 avril 1816.	Mêmes droits que leurs analogues.		28 avril 1816.	Mêmes droits que leurs analogues.
INSTRUMENTS d'optique, de calcul et d'observation *....................	Idem.	La valeur à déterminer par le comité consultatif des arts et manufactures.	7 juin 1820.	30 p. 0/0.		28 avril 1816.	1/4 p.0/0

IPÉCACUANHA. V. Racines médicinales.

IRIS de Florence. V. Racines médicinales.

IVOIRE. V. Dents d'éléphant.

IVOIRE (râpures d'). V. Râpures.

JAIS. V. Bitumes.

JALAP. V. selon l'espèce , Racines médicinales ou Résineux exotiques.

JAROSSE. V. Vesce (graines de).

JAUNE de chrôme (chrômate de plomb). V. Sels. — Chrômates.

DÉNOMINATION DES MARCHANDISES.				CLASSES du TARIF.	UNITÉS sur lesquelles portent les droits.	ENTRÉE.			SORTIE.	
						TITRES de perception.	DROITS par navires français.	par navires étrangers et par terre.	TITRES de perception.	DROITS.
							fr. c.	fr. c.		
JONCS et roseaux.	exotiques *.	Bambous et joncs forts	de l'Inde...........	Fruits tiges et filam. à ouvrer.	100 kil. N. B.	17 mai 1826.	80. 00	} 200. 00		
			d'ailleurs...........	Idem.	100 kil. N. B.	17 mai 1826.	160. 00			
		Rotins de petit calibre, entiers ou en éclisses.	de l'Inde...........	Idem.	100 kil. N. B.	17 mai 1826. 2 juillet 1836.	40. 00	} 100. 00		
			d'ailleurs...........	Idem.	100 kil. N. B.	17 mai 1836. 2 juillet 1836.	80. 00			
	d'Europe....	des jardins...	en tiges entières......	Idem.	100 kil. B. B.	27 juillet 1822.	8. 00	8. 80		fr. c.
			en tubes sans nœud.....	Idem.	100 kil. B. B.	27 juillet 1822.	11. 00	12. 10	28 avril 1816.	0. 25
			en brochettes, pour peignes à tisser.......	Idem.	100 kil. B. B.	27 juillet 1822.	18. 00	19. 80		
		Sparte en tiges	brutes...........	Idem.	100 kil. B. B.	5 juillet 1836.	0. 50	0. 50		
			battues...........	Idem.	100 kil. B. B.	5 juillet 1836.	1. 00	1. 10		
		Presle............		Idem.	100 kil. B. B.	28 avril 1816.	5. 00	5. 50		
		à dénommer........		Idem.	100 kil. B. B.	28 avril 1816. 27 mars 1817.	1. 00	1. 10		
JONCS odorants à dénommer *........................				Espèces médicinales.	100 kil. N. B.	28 avril 1816.	41. 00	45. 10	27 juillet 1822.	0. 25
JUMENTS. V. Chevaux.										
JUS de citron et de limon (acide citrique). V. Acides.										
— d'orange. V. Boissons fermentées.										
— de réglisse *...............................				Sucs végétaux.	100 kil. N. B.	28 avril 1816.	48. 00	52. 80	27 juillet 1822.	0. 25
KAOLIN. V. Pierres et terres servant aux arts et métiers. — Derle.										
KERMÈS **..	en grains, ou graine d'écarlate............			Teintures préparées.	100 kil. B. N.	27 juillet 1822.	1. 00	1. 10	21 avril 1818.	2. 00 le kilog.
	en poudre...	des pays hors d'Europe............		Idem.	1 kil. N. N.	28 avril 1816.	4. 00	} 6. 00		
		des entrepôts............		Idem.	1 kil. N. N.	28 avril 1816.	5. 00			
KIRSCHWASSER (eau-de-vie de cerise). V. Boissons distillées.										
LABDANUM. V. Résineux exotiques.										
LAINES (62).	en masse...	par navires français et par terre.......		Dépouilles d'animaux.	La valeur.	2 juillet 1836.	20 p. 0/0.			
		par navires étrangers............		Idem.	La valeur.	2 juillet 1836.	22 p. 0/0.		7 juin 1820.	0. 25 les 100 k.B.
	peignées....			Idem.	La valeur.	2 juillet 1836.	30 p. 0/0.			
	teintes de toute sorte............			Idem.	100 kil. N. B.	17 mai 1826.	300. 00	317. 50	27 juillet 1822.	0. 25
	Déchets de).	Bourre entière		Idem.		27 juillet 1822.	Mêmes droits que les laines selon l'espèce.		7 juin 1820.	0. 25 les 100 k.B.
		Bourre lanice et tontice		Idem.	100 kil. B. B.	28 avril 1816.	1. 00	1. 10	7 juin 1820.	0. 25
	Fils de). V. Fils.									
LATTON. V. Cuivre allié de zinc.										
LAQUE.....	naturelle ou résine de laque à ses différents états **	de l'Inde......		Teintures préparées.	100 kil. B. B.	2 juillet 1836.	1. 40	} 5. 70	27 juillet 1822.	0. 25
		d'ailleurs......		Idem.	100 kil. B. B.	2 juillet 1836.	4. 00			
	en teinture ou en trochisques *	de l'Inde......		Idem.	100 kil. N. B.	2 juillet 1836.	50. 00	} 100. 00	28 avril 1816.	5. 00
		d'ailleurs......		Idem.	100 kil. N. B.	2 juillet 1836.	75. 00			
LARD. V. Viandes.										
LAVANDE (fleurs de). V. Fleurs médicinales.										
LÉGUMES.....	verts............			Produits et déchets divers.	100 kil. B. B.	28 avril 1816.	0. 50	0. 50	24 nivôse an 5.	0. 20
	salés ou confits...........			Idem.	100 kil. B. B.	28 avril 1816.	9. 00	9. 90	28 avril 1816.	0. 25
	secs et leurs farines (63)...........			Farineux alimentaires.	100 kil. B. B.	17 mai 1826.	10. 00	11. 00		
LICHENS....	tinctoriaux............			Teintures et tannins.	100 kil. B. B.	28 avril 1816.	1. 00	1. 10	28 avril 1816.	2. 00
	autres que ceux propres à la teinture......			Espèces médicinales.	100 kil. B. B.	28 avril 1816.	15. 00	16. 50	27 juillet 1822.	0. 25
LIE DE VIN. V. Sels. — Tartrates.										

DÉNOMINATION DES MARCHANDISES.	CLASSES du TARIF.	UNITÉS sur lesquelles portent les droits.	ENTRÉE. TITRES de perception.	DROITS par navires français.	DROITS par navires étrangers et par terre.	SORTIE. TITRES de perception.	DROITS.
				fr. c.	fr. c.		
LIÉGE. { brut et revêtu de sa croûte gercée. { en planches......	Bois communs.	100 kil. B.B.	2 juillet 1836.	6. 00	6. 60		fr. c.
{ en petits cubes....	Idem.	100 kil. B.B.	2 juillet 1836.	12. 00	13. 20		1. 00
râpé. { en planches......	Idem.	100 kil. B.B.	2 juillet 1836.	9. 00	9. 90	28 avril 1816.	
{ en petits cubes....	Idem.	100 kil. B.B.	2 juillet 1836.	18. 00	19. 80		
ouvré*.....	Idem.	100 kil. N.B.	21 avril 1818, 2 juillet 1836.	54. 00	59. 20	28 avril 1816.	0. 25
brûlé. V. Noir.							
LIERRE (feuilles et branches de). V. Feuilles médicinales.							
LIMAILLES. V. la note 33, page 64.							
LIMES et râpes* (64) { à grosses tailles dites communes.....	Ouvrages en mat. diverses.	100 kil. N.B.	7 juin 1820.	80. 00	86. 50		
à polir dites fines. { de 17 centimètres de longueur et au-dessus.	Idem.	100 kil. N.B.	7 juin 1820.	200. 00	212. 50	27 mars 1817.	1. 00
{ ayant moins de 17 centim. de longueur....	Idem.	100 kil. N.B.	7 juin 1820.	250. 00	265. 00		
LIN. V. Filaments.							
LINGE. V. Tissus ou effets à usage, selon l'espèce.							
LINON. V. Tissus de lin ou de chanvre.							
LIQUEURS. V. Boissons distillées.							
LITHARGE (oxide de plomb demi-vitreux). V. Oxides.							
LITHOGRAPHIES. V. Gravures.							
LIVRES (65) { en langues mortes ou étrangères.....	Papier et ses applications.	100 kil. B.B.	27 mars 1817.	10. 00	11. 00		
en langue française. { Mémoires scientifiques.....	Idem.	100 kil. N.B.	27 mars 1817.	50. 00	55. 00		
{ autres ouvrages publiés à l'étranger,.....	Idem.	100 kil. N.B.	27 mars 1817.	100. 00	107. 50	27 mars 1817.	1. 00
{ réimprimés sur éditions françaises.......	Idem.	100 kil. N.B.	27 mars 1817.	150. 00	160. 00		
imprimés en France et réimportés dans les cinq ans (66).......	Idem.	100 kil. B.B.	27 mars 1817.	1. 00	1. 10		
contrefaçons.....	Idem.		27 mars 1817.	Prohibées		19 juillet 1793.	Prohibées.
LUNEMENT (mèches d'étoupe). V. Fils.							
LUTHS. V. Instruments de musique.							
LYCOPODE,.....	Sucs végétaux.	100 kil. B.B.	2 juillet 1836.	20. 00	22. 00	27 juillet 1822.	0. 25
LYRES. V. Instruments de musique.							
MÂCHEFER. V. Fer.							
MACHINES et mécaniques* (67) { Cardes à carder et garnitures de cardes.....	Ouvrages en mat. diverses.	La valeur à déterminer par le comité consult. des arts et manuf.	27 mars 1817.	15 p. 0/0			
Peignes à tisser et les broches propr. à les faire.	Idem.	Idem.	21 avril 1818.	15 p. 0/0		2 juillet 1836.	1/4 p. 0/0
Pompes à vapeur.....	Idem.	Idem.	21 avril 1818.	30 p. 0/0			
à dénommer......	Idem.	Idem.	27 mars 1817.	15 p. 0/0			
MACIS ** (68)...... { de Bourbon et de la Guiane française.....	Denr. col. de consommation.	1 kil. N.B.	5 juillet 1836.	1. 00	—		0. 25
de l'Inde.....	Idem.	1 kil. N.B.	5 juillet 1836.	1. 50		18 avril 1816.	les 100 kil.
d'ailleurs.....	Idem.	1 kil. N.B.	5 juillet 1836.	2. 50	4. 00		
MAGNÉSIE. V. Sels. — Carbonates.							
———— (sulfate de). V. Sels. — Sulfates.							
MAÏS. V. le tableau des Céréales, page 53.							
MANCHES de fouine, de gaffe ou de pinceaux à goudron. V. Bois à construire.							
———— d'outils. V. Ouvrages en bois non dénommés.							
MANDOLINES. V. Instruments de musique.							
MANGANÈSE.....	Métaux.	100 kil. B.B.	28 avril 1816.	1. 00	1. 10	28 avril 1816.	0. 25
MANNE *,.....	Sucs végétaux.	100 kil. N.B.	28 avril 1816.	80. 00	86. 50	27 juillet 1822.	0. 25

DÉNOMINATION DES MARCHANDISES.		CLASSES du TARIF.	UNITÉS sur lesquelles portent les droits.	ENTRÉE.			SORTIE.	
				TITRES de perception.	DROITS par navires français.	par navires étrangers et par terre.	TITRES de perception.	DROITS.
					fr. c.	fr. c.		fr. c.
blanc autre que statuaire, bien turquin, bleu fleuri et brocatelle *..	en blocs, simplement équarris ou ébauchés avec ou sans sciage, ayant au moins 16 centimètres d'épaisseur...................	Pierres, terres et aut. fossiles.	100 kil. B. B.	2 juillet 1836.	5. 00	5. 50		
	en tranches { de moins de 16 et de plus de 3 centimètres d'épaisseur.......	Idem.	100 kil. B.B.	2 juillet 1836.	9. 00	9. 90		
	de 3 centimètres ou moins......	Idem.	100 kil. B.B.	2 juillet 1836.	13. 50	14. 80		
blanc statuaire, jaune de Sienne, vert de mer dit serpentine, porte-or *....	en blocs, simplement équarris ou ébauchés, avec ou sans sciage, ayant au moins 16 mètres d'épaisseur..........	Idem.	100 kil. B. B.	2 juillet 1836.	10. 00	11. 00		fr. c. 0. 05
	en tranches { de moins de 16 et de plus de 3 centimètres d'épaisseur.......	Idem.	100 kil. B. B.	2 juillet 1836.	15. 00	16. 50	28 avril 1816.	
	de 3 centimètres ou moins......	Idem.	100 kil. B.B.	2 juillet 1836.	22. 00	24. 20		
autres *......	en blocs, simplement équarris ou ébauchés avec ou sans sciage, ayant au moins 16 centimètres d'épaisseur...................	Idem.	100 kil. B.B.	2 juillet 1836.	2. 50	2. 70		
	en tranches { de moins de 16 et de plus de 3 centimètres d'épaisseur.......	Idem.	100 kil. B.B.	2 juillet 1836.	3. 40	3. 70		
	de 3 centimètres ou moins......	Idem.	100 kil. B.B	2 juillet 1836.	5. 00	5. 50		
sculptés, moulés, polis, ou autrement ouvrés, sans distinction de marbre *.................................		Idem.	100 kil. B.B.	7 juin 1820.	40. 00	44. 00	28 avril 1816.	0. 01
Chiques, sans distinction de marbre..................		Idem.	100 kil. B.B.	28 avril 1816.	15. 00	16. 50	28 avril 1816.	0. 25
ARC d'olives. V. Amurca ou grignon, suivant l'espèce.								
ARC ...... { de raisins................................		Produits et déchets divers.	100 kil. B. B.	28 avril 1816.	0. 10	0. 10	28 avril 1816.	0. 10
de roses..,................................		Idem.	100 kil. B. B.	28 avril 1816.	5. 00	5. 50	28 avril 1816.	0. 25
ARNE..		Pierres, terres et aut. fossiles	100 kil. B. B.	28 avril 1816.	0. 10	0. 10	28 avril 1816.	0. 02
ARRONS, châtaignes et leurs farines.........................		Farineux alimentaires.	100 kil. B. B.	28 avril 1816.	8. 00	8. 80	28 avril 1816.	0. 25
ASSICOT (oxide de plomb jaune). V. Oxides.								
ATELAS. V. Meubles.								
ATEREAUX. V. Bois à construire.								

ARBRES 69)

DÉNOMINATION DES MARCHANDISES.	CLASSES du TARIF.	UNITÉS sur lesquelles portent les droits.	ENTRÉE. TITRES de perception.	ENTRÉE. DROITS par navires français.	ENTRÉE. DROITS par navires étrangers et par terre.	SORTIE. TITRES de perception.	SORTIE. DROITS.
				fr. c.	fr. c.		fr. c.
Chaux. (70) — Pierres, entières, à l'état brut	Pierres, terres et aut. fossiles	100 kil. B. B.	2 juillet 1836.	0. 10	0. 10	2 juillet 1836.	0. 15
Pierres, entières, calcinées	Idem.	100 kil. B. B.	2 juillet 1836.	0. 20	0. 20	2 juillet 1836.	0. 05
Pierres, broyées, à l'état brut	Idem.	100 kil. B. B.	2 juillet 1836.	0. 30	0. 30	2 juillet 1836.	0. 15
Pierres, broyées, calcinées	Idem.	100 kil. B. B.	2 juillet 1836.	0. 30	0. 30	2 juillet 1836.	0. 05
vive ou éteinte	Idem.	100 kil. B. B.	2 juillet 1836.	0. 30	0. 30	2 juillet 1836.	0. 05
Plâtre. — brut ou pierre à plâtre	Idem.	100 kil. B. B.	28 avril 1816.	0. 10	0. 10	2 juillet 1836.	0. 15
préparé, soit moulu soit calciné, par les bureaux d'Abbevillers, Villars-sous-Blamont, Vaufrey et Delle	Idem.	100 kil. B. B.	2 juillet 1833.	—	0. 10	28 avril 1816.	0. 15
par tout autre bureau	Idem.	100 kil. B. B.	28 avril 1816.	0. 50	0. 50		
MATÉRIAUX. Ardoises. pour toiture (71). par mer et de la mer à Baisieux exclusivement, de plus de 27 cent. (10 p.) de largeur	Idem.	Le 1000 en nombre.	17 mai 1826.	46 francs.		17 mai 1826.	Grandes, 0. 15 Petites, 0. 10
de 22 excl. à 27 incl. (8 à 10 p.) de larg.	Idem.	Le 1000 en n.	17 mai 1826.	30 francs.			
de 19 excl. à 22 incl. (7 à 8 p.) de larg.	Idem.	Le 1000 en n.	17 mai 1826.	14 francs.			
par toutes les autres frontières de terre et de toutes dimensions au-dessus de 19 centimètres (7 pouces) de largeur	Idem.	Le 1000 en n.	17 mai 1826.	7 fr. 50 cent.			
n'ayant pas plus de 19 centimètres de largeur (7 pouces), importées par mer ou par terre	Idem.	Le 1000 en n.	2 juillet 1836.	2 francs.			
en carreaux ou en tables	Idem.	Le 100 en n.	30 avril 1806.	30 francs.		28 avril 1816.	0. 50
Briques	Idem.	Le 1000 en n.	17 mai 1826.	4 francs.			
Tuiles, plates	Idem.	Le 1000 en n.	17 mai 1826.	10 francs.		28 avril 1816.	0. 25
Tuiles, bombées	Idem.	Le 1000 en n.	17 mai 1826.	10 francs.			
Tuiles, faitières	Idem.	Le 1000 en n.	17 mai 1826.	25 francs.			
Carreaux de terre	Idem.	Le 1000 en n.	17 mai 1826.	10 francs.			
Moëllons et déchets de pierre	Idem.	100 kil. B. B.	28 avril 1816.	0. 10	0. 10	2 juillet 1836.	0. 01
à dénommer	Idem.	100 kil. B. B.	28 avril 1816.	0. 10	0. 10	2 juillet 1836.	0. 05
MÂTS. V. Bois à construire.							
MAURELLE * (loques ou chiffons imprégnés de couleur bleue)	Teintures préparées.	100 kil. B. B.	28 avril 1816.	25. 00	27. 50	15 mars 1791.	2. 55
MÉCANIQUES. V. Machines.							
MÈCHES d'étoupe. V. Fils.							
MÉCHOACAN. V. Racines médicinales.							
MÉDICAMENTS composés * — Eaux distillées, alcooliques	Compositions diverses.	100 kil. N. B.	27 mars 1817.	150. 00	160. 00	27 mars 1817.	2. 00
Eaux distillées, sans alcool	Idem.	100 kil. N. B.	27 mars 1817.	100. 00	107. 50		
Extraits de quinquina (72)	Idem.	1 kil. B.	17 mai 1826.	Prohibés.		27 mars 1817.	0. 05
non dénommés (73)	Idem.	1 kil. B.	27 mars 1817.	Prohibés.			
MÉLASSE. — des colonies françaises **	Denr. col. de consommation	100 kil. B. B.	17 mai 1826.	12. 00	—	28 avril 1816.	0. 25
étrangère	Idem.	100 kil. B.	6 floréal an 11.	Prohibée.			
MERCERIE * — commune	Ouvrages en mat. diverses.	100 kil. N. B.	28 avril 1816.	100. 00	107. 50	31 juillet 1810.	1. 00
fine (74)	Idem.	100 kil. N. B.	28 avril 1816.	200. 00	212. 50	28 avril 1816.	2. 00

DÉNOMINATION DES MARCHANDISES.	CLASSES du TARIF.	UNITES sur lesquelles portent les droits.	ENTREE. TITRES de perception.	DROITS par navires français.	par navires étrangers et par terre.	SORTIE. TITRES de perception.	DROITS.
				fr. c.	fr. c.		fr. c.
MERCURE natif ou vif-argent............................	Métaux.	100 kil. B. B.	27 juillet 1822.	20. 00	22. 00	28 avril 1816.	0. 25
—— (sulfure de). V. Sulfures.							
MERRAINS... de chêne de 1299 millim. de longueur et au-dessus.....	Bois communs.	Le 1000 en nombre.	27 mars 1817.	2 francs.		2 juillet 1836.	2. 00
de 1299 millim. exclusiv. à 974 millim. inclusiv.	Idem.	Le 1000 en n.	27 mars 1817.	1 fr. 50 cent.		2 juillet 1836.	1. 50
au-dessous de 974......................	Idem.	Le 1000 en n.	27 mars 1817.	1 franc.		2 juillet 1836.	1. 00
autres que de chêne.........................	Idem.	Le 1000 en n.	27 mars 1817.	Mêmes droits que les merrains de chêne.		21 avril 1818.	10 p. 0/0 de la valeur
MÉTEIL. V. Le tableau des céréales, page 49.							
MEUBLES de toute sorte (75)............................	Ouvrages en mat. diverses.	La valeur.	15 mars 1791.	15 p. 0/0.		28 avril 1816.	1/4 p. 0/0.
MEULES.... à moudre, dont le diamètre est de plus de 1949 millim...	Pierres, terres et aut. fossiles.	La pièce.	15 mars 1791.	7 fr. 50 cent.		2 juillet 1836.	10. 00
dont le diam. est de 1949 à 1299 millim. incl..	Idem.	La pièce.	15 mars 1791.	5 francs.		2 juillet 1836.	6. 00
dont le diamètre est de moins de 1299 millim..	Idem.	La pièce.	15 mars 1791.	2 fr. 50 cent.		2 juillet 1836.	3. 00
à aiguiser, de plus de 1218 millim. en diamètre........	Idem.	La pièce.	17 mai 1826.	5 francs.		27 mars 1817.	2. 50
de 1218 à 1083 millim. incl. idem..........	Idem.	La pièce.	1er août 1792.	2 fr. 50 cent.		27 mars 1817.	2. 50
de moins de 1083 à 920 millim. idem........	Idem.	La pièce.	1er août 1792.	1 fr. 75 cent.		27 mars 1817.	1. 75
de moins de 920 à 677 millim. idem........	Idem.	La pièce.	1er août 1792.	1 franc.		27 mars 1817.	1. 00
de moins de 677 à 541 millim. idem........	Idem.	La pièce.	1er août 1792.	40 centimes.		27 mars 1817.	0. 40
de moins de 541 à 406 millim. idem........	Idem.	La pièce.	1er août 1792.	20 centimes.		27 mars 1817.	0. 20
de moins de 406 millim. idem...	Idem.	La pièce.	1er août 1792.	10 centimes.		27 mars 1817.	0. 10
MIEL (76)... de Bourbon **...........................	Produits et dép. d'anim.	100 kil. N. B.	27 mars 1817, 26 avril 1833.	19. 25	—		
des Antilles et de la Guiane française **	Idem.	100 kil. N. B.	27 mars 1817, 26 avril 1833.	22. 50	—		
de l'Inde *...............................	Idem.	100 kil. N. B.	27 mars 1817, 26 avril 1833.	40. 00		28 avril 1816.	1. 00
d'ailleurs, hors d'Europe *......................	Idem.	100 kil. N. B.	27 mars 1817, 26 avril 1833.	42. 50	50. 00		
des entrepôts *.............................	Idem.	100 kil. N. B.	27 mars 1817, 26 avril 1833.	47. 50			
MILLET. V. Alpiste.							
MINE de plomb noire. V. Graphite.							
—— rouge (minium). V. Oxide de plomb rouge.							
MINE-ORANGE (oxide de plomb rouge divisé). V. Oxides.							
MINERAI. V. Fer, cuivre, plomb, zinc, cobalt ou soufre, selon l'espèce.							
MINIUM (oxide de plomb rouge). V. Oxides.							
MIROIRS. V. Verres et cristaux.							
MITRAILLE. V. Fer.							
MODE (ouvrages de). * (77)............................	Ouvrages en mat. diverses.	La valeur.	15 mars 1791.	12 p. 0/0.		28 avril 1816.	1/4 p. 0/0.
MOELLE de cerf.......	Substances prop. à la méd. et à la parfum.	100 kil. B. B.	28 avril 1816.	13. 00	14. 30	28 avril 1816.	0. 25
MOELLONS. V. Matériaux.							
MONNAIES quel qu'en soit le type. d'or..............	Ouvrages en mat. diverses.	1 hect. B. B.	28 avril 1816.	0. 01	0. 01	28 avril 1816	0. 01
d'argent...........................	Idem.	1 kil. B. B.	28 avril 1816.	0. 01	0. 01	28 avril 1816.	0. 01
de cuivre ou de billon. V. Cuivre.							
MONTRES. V. Horlogerie. — Ouvrages montés.							
MOQUETTES. V. Tissus de laine. — Tapis.							
MORILLES. V. Champignons.							
MOTTES à brûler	Produits et déchets divers.	Le 1000 en nombre.	28 avril 1816.	15 centimes.		28 avril 1816.	0. 50

4

DÉNOMINATION DES MARCHANDISES.	CLASSES du TARIF.	UNITÉS sur lesquelles portent les droits.	ENTRÉE. TITRES de perception.	DROITS. par navires français.	par navires étrangers et par terre.	SORTIE. TITRES de perception.	DROITS.
MOUCHOIRS. V. Tissus, suivant l'espèce.							
MOULES et autres coquillages pleins........ { de pêche française (78)..	Pêches.	100 kil. B.	....	Exempts. fr. c.	fr. c.	28 avril 1816.	fr. c. 0. 25
{ de pêche étrangère.....	Idem.	100 kil. B. B.	28 avril 1816.	1. 00	1. 10		
MOULES de boutons. V. Ouvrages en bois.							
MOUSSERONS. V. Champignons.							
MOUTARDE... { Farine ou confection de). V. Épices préparées.							
{ Graine de). V. Fruits médicinaux.							
MOUTONS de toute espèce (79). { Béliers, brebis et moutons...........	Anim. vivants.	Par tête.	27 juillet 1822, 17 mai 1826.	5 francs.		17 mai 1826.	0. 25
{ Agneaux......................	Idem.	Par tête.	27 juillet 1822, 17 mai 1826.	30 centimes.		17 mai 1826.	0. 10
MOUVEMENTS de montres. V. Horlogerie. — Ouvrages montés.							
MULES et MULETS...................	Anim. vivants.	Par tête.	28 avril 1816.	15 francs.		17 mai 1826.	2. 00
MUNITIONS de guerre. V. Fonte moulée pour projectiles, balles de calibre ou poudre à tirer, selon l'espèce.							
MURIATE de potasse. V. Sels.							
MUSC * (80).. { pur......................	Substances prop. à la méd. et à la parfum.	1 kil. N. B.	2 juillet 1836.	100. 00	107. 50	28 avril 1816.	0. 25 les 100 kil.
{ Vésicules.... { pleines...................	Idem.	1 kil. N. B.	2 juillet 1836.	65. 00	70. 70		
{ { vides....................	Idem.	1 kil. N. B.	2 juillet 1836.	10. 00	11. 00		
{ Queues de rats musqués...........	Idem.	1 kil. N. B.	2 juillet 1836.	25. 00	27. 50		
MUSCADES ** (81) { sans coques.. { de Bourbon et de la Guiane française....	Denr. col. de consommation	1 kil. N. B.	2 juillet 1836.	1. 00	—	28 avril 1816.	0. 25 les 100 kil.
{ de l'Inde...........	Idem.	1 kil. N. B.	2 juillet 1836.	1. 50	4. 00		
{ d'ailleurs...........	Idem.	1 kil. N. B.	2 juillet 1836.	2. 50			
{ en coques.... { de Bourbon et de la Guiane française....	Idem.	1 kil. N. B.	2 juillet 1836.	0. 66	—		
{ de l'Inde...........	Idem.	1 kil. N. B.	2 juillet 1836.	1. 00	2. 66		
{ d'ailleurs...........	Idem.	1 kil. N. B.	2 juillet 1836.	1. 66			
MUSIQUE gravée * (82).................	Papier et ses applications.	100 kil. N. B.	1er août 1792, 2 juillet 1836.	300. 00	317. 50	27 mars 1817.	1. 00
MYROBOLANS { confits V. Fruits médicinaux.							
{ secs.... { des pays hors d'Europe...........	Teintures et tannins.	100 kil. B. B.	2 juillet 1836.	4. 00	7. 00	28 avril 1816.	0. 25
{ des entrepôts...........	Idem.	100 kil. B. B.	2 juillet 1836.	5. 00			
NACRE de perle ** (83) { en coquilles brutes, { argentée dite franche { de l'Inde...........	Matières dures à tailler.	100 kil. B. B.	2 juillet 1836.	20. 00	50. 00	28 avril 1816.	0. 25
{ { d'ailleurs...........	Idem.	100 kil. B. B.	2 juillet 1836.	35. 00			
{ à bords noirs dite bâtarde { de l'Inde...........	Idem.	100 kil. B. B.	2 juillet 1836.	10. 00	25. 00		
{ { d'ailleurs...........	Idem.	100 kil. B. B.	2 juillet 1836.	17. 50			
{ sciée ou dépouillée de sa croûte { de l'Inde...........	Idem.	100 kil. N. B.	17 mai 1826.	60. 00	160. 00		
{ { d'ailleurs...........	Idem.	100 kil. N. B.	17 mai 1826.	120. 00			
{ Coquillages nacrés (haliotides) dits Oreilles de mer...... { de l'Inde...........	Idem.	100 kil. B. B.	2 juillet 1836.	2. 00	5. 00		
{ d'ailleurs...........	Idem.	100 kil. B. B.	juillet 1836.	3. 50			
NANKIN. V. Tissus de coton.							
NAPHTE. V. Bitumes fluides, sans distinction de couleur.							
NATRONS. V. Alcalis.							

DÉNOMINATION DES MARCHANDISES.	CLASSES du TARIF.	UNITÉS sur lesquelles portent les droits.	ENTRÉE.			SORTIE.	
			TITRES de perception.	DROITS		TITRES de perception.	DROITS.
				par navires français.	par navires étrangers et par terre.		
				fr. c.	fr. c.		fr. c.
NATTES ou TRESSES* { de bois blanc.. { de plus de 7 millimètres de largeur.	Ouvrages en mat. diverses.	100 kil. N. B.	2 juillet 1836.	70. 00	76. 00		
de 7 millimètres ou moins.......	Idem.	100 kil. N. B.	2 juillet 1836.	190. 00	202. 00		
de paille, d'écorce, de sparte de plus de 3 bouts, etc. { grossières.... { pour paillassons...	Idem.	100 kil. B. B.	5 juillet 1836.	2. 00	2. 20	28 avril 1816.	0. 25 les 100 kil.
pour chapeaux....	Idem.	100 kil. B. B.	5 juillet 1836.	5. 00	5. 50		
fines......................	Idem.	1 kil. N. B.	5 juillet 1836.	5. 00	5. 50		
de sparte à 3 bouts, exclusivement destinées à la fabrication des cordages......................	Idem.	100 kil. B. B.	5 juillet 1836.	2. 00	2. 20		
NERFS DE BŒUFS et d'autres animaux...........................	Produits et dép. d'anim.	100 kil. B. B.	28 avril 1816.	1. 00	1. 10	15 mars 1791.	9. 18
NERPRUN (baies de)...........................	Teintures et tannins.	100 kil. B. B.	28 avril 1816.	10. 00	11. 00	28 avril 1816.	8. 00
NICARAGUA (bois de) V. Bois de teinture.							
NICKEL métallique brut*............................	Métaux.	100 kil. N. B.	2 juillet 1836.	100. 00	107. 50	28 avril 1816.	0. 25
NITRATES de potasse et de soude. V. Sels.							
NITRE (nitrate de potasse). — V. Sels. — Nitrates.							
NOIR.......... { à soulier *....................	Couleurs.	100 kil. N. B.	28 avril 1816.	123. 00	131. 60	27 mars 1817.	2. 00
animal....... { d'ivoire*....................	Idem.	100 kil. N. B.	28 avril 1816.	62. 00	67. 60		
d'os de cerf et autres...........	Idem.	100 kil. B. B.	28 avril 1816.	7. 00	7. 70	27 juillet 1822.	0. 25
d'imprimeur en taille douce, dit d'Allemagne......	Idem.	100 kil. B. B.	28 avril 1816.	7. 00	7. 70		
d'Espagne. (liége brûlé)............	Idem.	100 kil. B. B.	28 avril 1816.	15. 00	16. 50	27 mars 1817.	2. 00
de fumée. (suie de résine)..........	Idem.	100 kil B. B.	27 juillet 1822.	12. 00	13. 20		
minéral naturel { dit de Grant ou d'Angleterre.....	Idem.	100 kil. B. B.	21 avril 1818.	10. 00	11. 00	28 avril 1816.	0. 25
dit terre de Cologne............	Idem.	100 kil. B. B.	28 avril 1816.	5. 00	5. 50		
NOIX et NOISETTES. V. Fruits oléagineux.							
NOIX DE COCO. V. Fruits de table.							
NOIX DE GALLE.. { pesantes...... { des pays hors d'Europe..........	Teintures et tannins.	100 kil. B. B.	2 juillet 1836.	5. 00	12. 00	28 avril 1816.	0. 25
des entrepôts..................	Idem.	100 kil. B. B.	2 juillet 1836.	7. 00			
légères.............................	Idem.	100 kil. B. B.	2 juillet 1836.	0. 50	0. 50		
OBJETS de collection hors de commerce *....................	Ouvrages en mat. diverses.	La valeur.	28 avril 1816.	1 pour 0/0.		28 avril 1816.	1/4 p. 0/0
OCRES. V. Pierres et terres servant aux arts et métiers.							
ŒUFS......... { de volaille et de gibier..................	Produits et dép. d'anim.	100 kil. B. B.	28 avril 1816.	0. 50	0. 50	28 avril 1816.	2. 00
de vers à soie..................	Idem.	100 kil. B. B.	28 avril 1816.	1. 00	1. 10	28 avril 1816.	0. 25
OIGNONS. V. Bulbes.							
OLIVES confites. V. Fruits de table.							
———— fraiches. V. Fruits oléagineux.							
ONGLONS de tortue. V. Écailles.							
OPIUM **....................	Sucs végétaux.	100 kil. N. B.	28 avril 1816.	200. 00	212. 50	27 juillet 1822.	0. 25
OR........ { brut, en masses, lingots, barres, poudres, bijoux cassés, etc.*	Métaux.	1 hect. N. N.	28 avril 1816.	0. 25	0. 25	28 avril 1816.	0. 25
battu en feuilles *.............................	Idem.	1 hect. N. B.	28 avril 1816.	30. 00	33. 00	27 mars 1817.	0. 04
tiré ou laminé (traits, lames, paillettes et clinquants)*..	Idem.	1 hect. N. B.	28 avril 1816.	10. 00	11. 00		
filé sur soie *..............................							
Ouvrages. V. Bijouterie et orfévrerie.							
Monnaies. V. Monnaies.							
ORANGES. V. Fruits de table.							

4.

DÉNOMINATION DES MARCHANDISES.	CLASSES du TARIF.	UNITÉS sur lesquelles portent les droits.	ENTRÉE. TITRES de perception.	DROITS par navires français.	par navires étrangers et par terre.	SORTIE. TITRES de perception.	DROITS.
				fr. c.	fr. c.		fr. c.
Oranger (*feuilles et tiges d'*). V. Feuilles médicinales.							
——— (*fleurs d'*). V. Fleurs médicinales.							
Orcanette (*racine rouge*)...............	Teintures et tannins.	100 kil. B. B.	28 avril 1816.	5. 00	5. 50	28 avril 1816.	4. 00
Oreilles de mer (*haliotides*). V. Nacre de perle.							
Oreillons. V. Rognures.							
Orfévrerie * (84) { d'or ou de vermeil.................	Ouvrages en mat. diverses.	1 hect. N. N.	28 avril 1816.	10. 00	11. 00	28 avril 1816.	0. 50
d'argent................	Idem.	1 hect. N. N.	28 avril 1816.	3. 00	3. 30	28 avril 1816.	0. 15
Orge. V. le tableau des céréales, page 54.							
Orgues. V. Instruments de musique.							
Orpiment (*sulfure d'arsenic jaune.*) V. Sulfures.							
Orseille .... { violette ou Cudbeard **..............	Teintures préparées.	100 kil. N. B.	28 avril 1816.	200. 00	212. 50	7 juin 1820.	2. 50
bleu cendré ou Tournesol en pâte *.............	Idem.	100 kil. N. B.	28 avril 1816.	100. 00	107. 50		
Os de bétail............	Matières dures à tailler.	100 kil. B. B.	27 juillet 1822.	0. 10	0. 10	28 avril 1816.	20. 00
Os........... { de cœur de cerf *..............	Substances prop. à la méd. et à la parfum.	100 kil. N. B.	28 avril 1816.	41. 00	45. 10	28 avril 1816.	0. 25
de sèche (*sepia officinalis*)..........	Idem.	100 kil. B. B.	28 avril 1816.	5. 00	5. 50		
Osier en bottes... { brut...............	Bois communs.	100 kil. B. B.	28 avril 1816.	0. 50	0. 50	27 mars 1817.	0. 80
pelé ou fendu.........	Idem.	100 kil. B. B.	28 avril 1816.	0. 50	0. 50	27 mars 1817.	1. 20
Ouate. V. Coton ou soie, selon l'espèce.							
Outils * (85)... { de pur fer..............	Ouvrages en mat. diverses.	100 kil. N. B.	17 déc. 1814.	50. 00	55. 00		
de fer rechargé d'acier.............	Idem.	100 kil. N. B.	7 juin 1820.	140. 00	149. 50	27 mars 1817.	1. 00
de pur acier.............	Idem.	100 kil. N. B.	7 juin 1820.	200. 00	212. 50		
de cuivre ou laiton.............	Idem.	100 kil. N. B.	28 avril 1816.	150. 00	160. 00	28 avril 1816.	1. 00
Outremer * (*couleur bleue extraite de la lazulite*)..........	Couleurs.	1 kil. N. B.	28 avril 1816.	62. 00	67. 60	27 mars 1817.	2. 00 les 100 kil.
Ouvrages de mode. V. Mode.							
——— en acier. V. Fer. — *Acier ouvré*.							
——— en argent. V. Bijouterie et Orfévrerie.							
Ouvrages en bois. { Futailles vides (86) { montées. { cerclées en bois...........	Ouvrages en mat. diverses.	Par hect. de contenance.	27 juillet 1822.	25 centimes.		21 avril 1818.	0. 50
cerclées en fer.............	Idem.	Par hect. de contenance.	27 juillet 1822.	2 fr. 20 cent.		21 avril 1818.	
démontées.............	Idem.	La valeur.	27 mars 1817.	10 p. 0/0		21 avril 1818.	10 p. 0/0
Balais communs (*de bouleau, bruyère, genêt, millet*, etc.)............	Idem.	Le 100 en n.	28 avril 1816.	25 centimes.		28 avril 1816.	0. 05
Boîtes de bois blanc *............	Idem.	100 kil. B. B.	28 avril 1816.	31. 00	34. 10	28 avril 1816.	0. 25
Moules de boutons.............	Idem.	100 kil. B. B.	28 avril 1816.	13. 00	14. 30		
Avirons et rames { bruts. { par navires français et par terre............	Idem.	Par mètre de longueur.	2 juillet 1836.	2 centimes.		28 avril 1816.	0. 01
par navires étrangers........	Idem.	Par mètre de longueur.	2 juillet 1836.	4 centimes.			
façonnés.............	Idem.	Par mètre de longueur.	21 avril 1818.	0. 05	0. 06		
Sabots en bois, non garnis de fourrures* { communs..............	Idem.	100 kil. B. B.	2 juillet 1836.	12. 00	13. 20	28 avril 1816.	0. 25
peints ou vernis...........	Idem.	100 kil. B. B.	2 juillet 1836.	25. 00	27. 50		
Boissellerie.............	Idem.	100 kil. B. B.	28 avril 1816.	4. 00	4. 40		
non dénommés (87).............	Idem.	La valeur.	15 mars 1791.	15 p. 0/0		28 avril 1816.	1/4 p. 0/0

DÉNOMINATION DES MARCHANDISES.	CLASSES du TARIF.	UNITÉS sur lesquelles portent les droits.	ENTRÉE. TITRES de perception.	DROITS par navires français.	par navires étrangers et par terre.	SORTIE. TITRES de perception.	DROITS.
				fr. c.	fr. c.		fr. c.
OUVRAGES en bronze ou en laiton. V. Cuivre.							
—— en cuivre, en étain, en fer, en fer-blanc, en fonte, en plomb ou en zinc. V. Chacun de ces métaux, selon l'espèce.							
—— en or. V. Bijouterie et orfévrerie.							
—— en poils, autres que les tissus *	Fils.	1 kil. N. B.	27 mars 1817.	2. 00	2. 20	28 avril 1816.	0. 25 les 100 kil.
—— en tôle. V. Fer.							
OXALATE acide de potasse. V. Sels.							
OXIDES … de fer et d'étain	Produits chimiques.	100 kil. B. B.	28 avril 1816.	10. 00	11. 60		
de plomb. jaune (massicot) *	Idem.	100 kil. B. B.	28 avril 1816.	37. 00	40. 70	28 avril 1816.	0. 25
de plomb. rouge (minium) *	Idem.	100 kil. B. B.	21 avril 1818.	24. 00	26. 40		
de plomb. demi-vitreux rougeâtre ou jaunâtre (litharge)	Idem.	100 kil. B. B.	23 oct. 1811.	10. 00	11. 00		
de plomb. rouge divisé (mine-orange) *	Idem.	100 kil. B. B.	28 avril 1816.	35. 00	38. 50	27 mars 1817.	2. 00
de zinc… blanc (pompholix)	Idem.	100 kil. B. B.	28 avril 1816.	13. 00	14. 30		
de zinc… gris cendré (tuthie ou cadmie)	Idem.	100 kil. B. B.	7 juin 1820.	0. 10	0. 10	28 avril 1816.	0. 25
de cuivre. (æs ustum)	Idem.	100 kil. B. B.	28 avril 1816.	7. 00	7. 70		
PAGNES. — V. Tissus d'écorce.							
PAILLE. V. Fourrages.							
PAILLES de fer et d'acier. V. Fer. — Limailles.							
PAIN d'épice	Farineux alimentaires.	100 kil. B. B.	28 avril 1816.	13. 00	14. 30	28 avril 1816.	0. 25
PAIN et biscuit de mer	Idem.	100 kil. B. B.	V. la note (88).	Mêmes droits que les farines, selon l'espèce.		28 avril 1816.	0. 25
PAPIER * … d'enveloppe à pâte de couleur	Papier et ses applications.	100 kil. N. B.	28 avril 1816.	80. 00	86. 50	28 avril 1816.	0. 50
blanc ou rayé pour musique	Idem.	100 kil. N. B.	28 avril 1816.	150. 00	160. 00	28 avril 1816.	1. 00
colorié, en rames ou mains, pour reliures etc.	Idem.	100 kil. N. B.	21 avril 1818.	90. 00	97. 00	27 mars 1817.	1. 00
peint, en rouleaux, pour tentures	Idem.	100 kil. N. B.	21 avril 1818.	125. 00	133. 70	2 juillet 1836.	0. 50
soyeux, dit papier de soie, papier de Chine, papier Joseph et autres de la même espèce	Idem.	100 kil. N. B.	2 juillet 1836.	100. 00	107. 50	27 mars 1817.	1. 00
mâché. V. Carton.							
PARAPLUIES et parasols * (89). en soie	Ouvrages en mat. diverses.	La pièce.	15 mars 1791.	2 francs.		2 juillet 1836.	2. 00 le 100 en n.
en toile cirée ou autre	Idem.	La pièce.	15 mars 1791.	75 centimes.		2 juillet 1836.	1. 00 le 100 en n.
PARCHEMIN. V. Peaux préparées.							
PARFUMERIES * Eaux de senteur. alcooliques	Compositions diverses.	100 kil. N. B.	27 mars 1817.	150. 00	160. 00		
Eaux de senteur. sans alcool	Idem.	100 kil. N. B.	27 mars 1817.	100. 00	107. 50	27 mars 1817.	0. 02 le kilog.
Vinaigres parfumés	Idem.	100 kil. B. B.	28 avril 1816.	25. 00	27. 50		
Pâtes liquides ou en pains	Idem.	100 kil. B. B.	28 avril 1816.	164. 00	174. 70		
Savons liquides, en poudre, pains et boules	Idem.	100 kil. N. B.	28 avril 1816.	25. 00	27. 50	17 mai 1826.	0. 25
Poudres… à poudrer	Idem.	1 kil. N. B.	28 avril 1816.	9. 00	9. 90		
Poudres… de senteur. de Chypre	Idem.	100 kil. N. B.	28 avril 1816.	184. 00	195. 70		
Poudres… de senteur. à dénommer	Idem.	100 kil. N. B.	28 avril 1816.	123. 00	131. 60		
Pommades de toute sorte	Idem.	100 kil. N. B.	28 avril 1816.	98. 00	105. 40	27 mars 1817.	0. 02 le kilog.
Fards… blanc	Idem.	100 kil. N. B.	28 avril 1816.	17. 00	18. 70		
Fards… rouge	Idem.	1 kil. N. B.	28 avril 1816.				
Pastilles odorantes à brûler (90) de l'Inde	Idem.	100 kil. N. B.	27 mars 1817, 17 mai 1826.	50. 00			
d'ailleurs hors d'Europe	Idem.	100 kil. N. B.	27 mars 1817, 17 mai 1826.	90. 00	125. 00		
des entrepôts	Idem.	100 kil. N. B.	27 mars 1817, 17 mai 1826.	100. 00			

DÉNOMINATION DES MARCHANDISES.	CLASSES du TARIF.	UNITÉS sur lesquelles portent les droits.	ENTRÉE. TITRES de perception.	ENTRÉE. DROITS par navires français.	ENTRÉE. DROITS par navires étrangers et par terre.	SORTIE. TITRES de perception.	SORTIE. DROITS.
				fr. c.	fr. c.		fr. c.
PASSEMENTERIE. V. Tissus selon l'espèce.							
PASTEL (feuilles et tiges de)	Teintures et tannins.	100 kil. B. B.	28 avril 1816.	1.00	1.10	28 avril 1816.	6.00
PASTILLES odorantes .... à bijoux. V. Musc. / à brûler. V. Parfumeries.							
PÂTE jaune d'argile et de nerprun. V. Stil de grain.							
—— de pastel*	Teintures préparées.	1 kil. N. B.	28 avril 1816, art. 16.	Mêmes droits que l'indigo.		17 mai 1826.	0.50 les 100 kil.
—— de tournesol. V. Orseille.							
Pâtes d'Italie et autres pâtes granulées	Farineux alimentaires.	100 kil. B. B.	28 avril 1816.	20.00	22.00	27 juillet 1822.	0.25
PEAUX brutes (91), fraîches, grandes	Dépouilles d'animaux.	100 kil. B. B.	28 avril 1816.	1.00	1.10	28 avril 1816.	16.00
de bélier, brebis et mouton, revêtues de leur laine — par nav. franç. et par terre	Idem.	La valeur.	17 mai 1826, 2 juillet 1836.	10 p. 0/0.			
— par navires étrangers	Idem.	La valeur.	17 mai 1826, 2 juillet 1836.	11 p. 0/0.		28 avril 1818.	46.00 les 100k N
petites, d'agneau, revêtues de leur laine, plus d'un kilog. pesant — par nav. franç. et par terre	Idem.	La valeur.	17 mai 1826, 2 juillet 1836.	10 p. 0/0.			
— par navires étrangers	Idem.	La valeur.	17 mai 1826, 2 juillet 1836.	11 p. 0/0.		27 juillet 1822.	20.00 les 100k B
un kilogramme ou moins	Idem.	100 kil. B. B.	27 mars 1817.				
dépouillées de leur laine	Idem.	100 kil. B. B.	28 avril 1816.	1.00	1.10	27 juillet 1822.	20.00
de chevreau	Idem.	100 kil. B. B.	27 mars 1817.				
autres	Idem.	100 kil. B. N.	28 avril 1816.	1.00	1.10	28 avril 1816.	46.00
sèches, grandes, par mer, du Sénégal**	Idem.	100 kil. B. B.	7 juin 1820.	1.00			
d'ailleurs hors d'Europe	Idem.	100 kil. B. B.	28 avril 1816.	5.00	15.00		
des entrepôts	Idem.	100 kil. B. B.	28 avril 1816.	10.00		28 avril 1816.	25.00
par terre (92), d'origine européenne	Idem.	100 kil. B. B.	5 juillet 1836.	—	5.00		
de toute autre origine	Idem.	100 kil. B. B.	5 juillet 1836.	—	15.00		
petites, de bélier, brebis et mouton, revêtues de leur laine — par nav. franç. et par terre	Idem.	La valeur.	17 mai 1826, 2 juillet 1836.	13 1/3 p. 0/0.			
— par navires étrangers	Idem.	La valeur.	17 mai 1826, 2 juillet 1836.	14 2/3 p. 0/0.		28 avril 1816.	70.00 les 100k B
d'agneau, revêtues de leur laine, plus d'un kilog. pesant — par nav. franç. et par terre	Idem.	La valeur.	17 mai 1826, 2 juillet 1836.	13 1/3 p. 0/0.			
— par navires étrangers	Idem.	La valeur.	17 mai 1826, 2 juillet 1836.	14 2/3 p. 0/0.		27 juillet 1822.	20.00 les 100k B
un kilogramme ou moins	Idem.	100 kil. B. B.	27 mars 1817.				
dépouillées de leur laine	Idem.	100 kil. B. B.	28 avril 1816.	1.00	1.10	27 juillet 1822.	20.00
de chevreau	Idem.	100 kil. B. B.	27 mars 1817.				
autres	Idem.	100 kil. B. N.	28 avril 1816.	1.00	1.10	28 avril 1816.	70.00
PEAUX préparées ou ouvrées, sauf les exceptions ci-après	Ouvrages en mat. diverses.	100 kil. B.	10 brum. an 5.	Prohibées.		27 juillet 1822.	0.25
d'agneau et de chevreau en poil* — en confit	Idem.	Le 100 en nombre.	27 mars 1817.	2 fr. 50 cent.		27 mars 1817.	0.25
— mégics	Idem.	Le 100 en nombre.	27 mars 1817.	3 francs.		27 mars 1817.	0.1
Parchemin et vélin — bruts	Idem.	100 kil. B.	28 avril 1816.	1.00	1.10		
— achevés*	Idem.	100 kil. B.	28 avril 1816.	25.00	27.50		
de cygne, d'oie ou d'agneau pour éventails*	Idem.	100 kil. N.	28 avril 1816.	612.00	629.50	27 juillet 1822.	0.25 les 100k
Cuir de veau odorant, dit de Russie, propre à la reliure (93)	Idem.	La pièce.	2 juillet 1836.	5 francs.			
Grandes peaux tannées pour semelles (94)	Idem.	100 kil. N.	5 juillet 1836.	75.00	81.20		
PEAUX de chien de mer, brutes, de toute pêche — fraîches	Pêches.	100 kil. B. B.	28 avril 1816.	1.00	1.10	28 avril 1816.	0.25
— sèches	Idem.	100 kil. B. B.	28 avril 1816.	17.00	18.70		
—— de lapin, de lièvre, de marte, de vigogne, etc. V. Pelleteries.							
PEIGNES à tisser. V. Machines et mécaniques.							
—— d'écaille et d'ivoire. V. Tabletterie.							

DÉNOMINATION DES MARCHANDISES.	CLASSES du TARIF.	UNITÉS sur lesquelles portent les droits.	ENTRÉE.		SORTIE.	
			TITRES de perception.	DROITS, quel que soit le mode de transport.	TITRES de perception.	DROITS.
						fr. c.
Peaux — de lapin... { brutes	Dépouilles d'animaux.	100 kil. B. N.	27 mars 1817.	1 franc.	2 juillet 1836.	0. 75 le k.
apprêtées	Idem.	Le 100 en n.	27 mars 1817.	1 franc.	27 mars 1817.	1. 00
de lièvre.. { brutes	Idem.	100 kil. B. N.	27 mars 1817.	1 franc.	2 juillet 1836.	0. 75 le k.
apprêtées	Idem.	Le 100 en n.	27 mars 1817.	4 francs.	27 mars 1817.	4. 00
de blaireau { brutes	Idem.	La pièce.	27 mars 1817.	15 centimes.	2 juillet 1836.	0.05 le k. B
apprêtées	Idem.	La pièce.	27 mars 1817.	15 centimes.	27 mars 1817.	0. 02
de castor.. { brutes	Idem.	La pièce.	27 mars 1817.	35 centimes.	2 juillet 1836.	0.05 le k. B.
apprêtées	Idem.	La pièce.	27 mars 1817.	35 centimes.	27 mars 1817.	0. 04
de castorin { brutes et mégies	Idem.	Le 100 en n.	2 juillet 1836.	3 francs.		
éjarrées	Idem.	Le 100 en n.	2 juillet 1836.	15 francs.	27 mars 1817.	0. 30
teintes	Idem.	Le 100 en n.	2 juillet 1836.	25 francs.		
de phoque — brutes. { de pêche française	Pêches.	La pièce.	2 juillet 1836.	1 centime.		
de pêche étrangère	Idem.	La pièce.	2 juillet 1836.	20 centimes.	27 mars 1817.	0. 02
mégies	Dépouilles d'animaux.	La pièce.	2 juillet 1836.	20 centimes.		
éjarrées avec ou sans lustre	Idem.	La pièce.	2 juillet 1836.	3 francs.		
teintes et lustrées	Idem.	La pièce.	2 juillet 1836.	1 franc.	27 mars 1817.	0. 05
brutes ou apprêtées — de chameau, jaguard, léopard, once, panthère et tigre	Idem.	La pièce.	27 mars 1817.	1 fr. 20 cent.	27 mars 1817.	0. 15
d'ours et d'ourson	Idem.	La pièce.	27 mars 1817.	1 fr. 05 cent.	27 mars 1817.	0. 10
de lion, lionne et zèbre	Idem.	La pièce.	27 mars 1817.	60 centimes.	27 mars 1817.	0. 06
de renards. { noirs ou argentés	Idem.	La pièce.	27 mars 1817.	2 fr. 40 cent.	27 mars 1817.	0. 24
croisés ou bleus	Idem.	La pièce.	27 mars 1817.	90 centimes.	27 mars 1817.	0. 10
blancs, jaunes et gris argenté de Virginie	Idem.	La pièce.	27 mars 1817.	20 centimes.	27 mars 1817.	0. 02
teintes	Idem.	La pièce.	2 juillet 1836.	2 fr. 40 cent.		
autres	Idem.	La pièce.	27 mars 1817.	10 centimes.	27 mars 1817.	0. 01
de chacal, de chinchilla et de fouine	Idem.	La pièce.	27 mars 1817.	10 centimes.		
d'agneaux dits d'Astracan et de Carcajou	Idem.	La pièce.	27 mars 1817.	20 centimes.	27 mars 1817.	0. 02
de loutre	Idem.	La pièce.	27 mars 1817.	45 centimes.	27 mars 1817.	0. 05
d'hyène, de loups cerviers et de bois	Idem.	La pièce.	27 mars 1817.	40 centimes.		
de chèvres d'Angora	Idem.	La pièce.	27 mars 1817.	35 centimes.	27 mars 1817.	0. 04
de butor, cygne, eyder, glouton, lama, marte, pekan, raton, vautour et vigogne	Idem.	La pièce.	27 mars 1817.	15 centimes.	27 mars 1817.	0. 02
de chats... { tigres et cerviers						
sauvages et domestiques						
de civette, genette et putois même tigrés	Idem.	Le 100 en n.	27 mars 1817.	3 francs.	27 mars 1817.	0. 30
de grèbe, marmotte, d'oie et vison	Idem.	Le 100 en n.	27 mars 1817.	6 francs.	27 mars 1817.	0. 60
de belette, berveski, ebien, écureuil, mulot ou hamster, palmistes des Indes, petit-gris, rats musqués et autres et taupe	Idem.	Le 100 en n.	27 mars 1817.	2 francs.	27 mars 1817.	0. 20
de chikakois	Idem.	Le 100 en n.	27 mars 1817.	3 fr. 75 cent.	27 mars 1817.	0. 40
d'hermine, kolynsky ou kulonok et lasquette						
Dos et ventres de fouine, lièvres blancs, marte, petit-gris, renard, etc.	Idem.	....	27 mars 1817.	La moitié du droit des peaux.		
Gorges de canard, de fouine, marte, pingouin et renard	Idem.					
Queues { de carcajou, fouine, loup, marte, pekan et renard	Idem.	Le 100 en n.	27 mars 1817.	2 francs.	27 mars 1817.	0. 20.
d'écureuil, d'hermine, de kolinsky ou kulonok, de petit-gris, de putois même tigrés et vison	Idem.	Le 100 en n.	27 mars 1817.	25 centimes.	27 mars 1817.	0. 03
Morceaux cousus — en peaux d'agneaux dits d'Astracan, d'hermine, de kolynsky ou kulonok, de lasquette, marte, putois même tigrés et dos et ventres de petit-gris	Idem.	La pièce.	27 mars 1817.	5 francs.	27 mars 1817.	0. 50
en peaux de fouine, dos et ventres de chats tigres et cerviers, d'écureuil, dos, ventres et gorges de bervesky, renard et vigogne	Idem.	La pièce.	27 mars 1817.	1 fr. 50 cent.	27 mars 1817.	0. 15
en peaux d'agneaux ordinaires, de castor, mulot ou hamster, rats musqués, taupe, dos et ventres de lapin, lièvres blancs, pattes ou autres fractions de peaux quelconques non dénommées au présent	Idem.	La pièce.	27 mars 1817.	1 franc.	27 mars 1817.	0. 10

DÉNOMINATION DES MARCHANDISES.	CLASSES du TARIF.	UNITÉS sur lesquelles portent les droits.	ENTRÉE. TITRES de perception.	DROITS. par navires français.	DROITS. par navires étrangers et par terre.	SORTIE. TITRES de perception.	DROITS.
				fr. c.	fr. c.		fr. c.
PELLETERIES ouvrées *	Ouvrages en mat. diverses.	La valeur.	15 mars 1791.	15 p. 0/0.		28 avril 1816.	1/4 p. 0/0
PERCHES (96)...............	Bois communs.	Le 1000 en nombre.	28 avril 1816.	0 fr. 25 cent.		15 mars 1791, 22 vent. an 12.	Prohibées
PERLES fines, de toute pêche *	Pêches.	1 hect. N. B.	28 avril 1816.	0. 50	0. 50	27 mars 1817.	0. 01
PÉTROLE. V. Bitumes fluides, sans distinction de couleur.							
PÉTUNZÉ. V. Pierres et terres servant aux arts et métiers. — Derle.							
PHORMIUM TENAX. V. Filaments. — Végétaux filamenteux.							
PIANOS. V. Instruments de musique.							
PICHOLINES. V. Fruits de table.							
PIEDS d'élan...............	Substances prop. à la méd. et à la parfum.	Le 100 en nombre.	15 mars 1791.	1 fr. 50 cent.		28 avril 1816.	0. 10
PIERRES à aiguiser. V. Pierres et terres servant aux arts et métiers.							
——— à chaux. V. Matériaux.							
——— à feu. V. Pierres et terres servant aux arts et métiers.							
——— à plâtre. V. Matériaux.							
——— calaminaires. V. Zinc.							
——— (déchets de). V. Matériaux.							
——— de touche. V. Pierres et terres servant aux arts et métiers.							
Spath et Castine...............	Pierres, terres et autr. fossiles.	100 kil. B. B.	28 avril 1816.	1. 00	1. 10	28 avril 1816.	0. 25
Pierres à feu (autres que les agates)...............	Idem.	100 kil. B. B.	28 avril 1816.	9. 00	9. 90	28 avril 1816.	1. 00
Bol d'Arménie et terre de Lemnos...............	Idem.	100 kil. B. B.	28 avril 1816.	9. 00	9. 90	28 avril 1816.	0. 25
Terre de pipe...............	Idem.	100 kil. B. B.	28 avril 1816.	0. 10	0. 10	28 avril 1816.	0. 60
Alana ou Tripoli (argile jaune colorée par le fer).......							
Craie (chaux carbonatée)...............							
Groison...............	Idem.	100 kil. B. B.	28 avril 1816.	5. 00	5. 50	28 avril 1816.	0. 25
Pierres à aiguiser...............							
Pierre ponce...............							
Pierre de touche...............							
Pierres ferrugineuses — Émeri — en pierres brutes...........	Idem.	100 kil. B. B.	17 mai 1826.	2. 00	2. 20	28 avril 1816.	0. 25
préparé ou gralns ou en poudre..	Idem.	100 kil. B. B.	17 mai 1826.	8. 00	8. 80		
autres	Idem.	100 kil. B. B.	28 avril 1816.	5. 00	5. 50		
Derle (feldspath opaque et argiliforme, propre à la fabrication de la porcelaine, dit kaolin et pétunzé).......	Idem.	100 kil. B. B.	28 avril 1816.	0. 10	0. 10		
Cailloux à faïence ou à porcelaine	Idem.	100 kil. B. B.	28 avril 1816.	0. 10	0. 10	2 juillet 1836.	0. 25
Sable à verre et à faïence...............	Idem.	100 kil. B. B.	28 avril 1816.	0. 10	0. 10		
Ocres (argiles chargées d'oxides, soit rouges, jaunes ou vertes.).....	Idem.	100 kil. B. B.	28 avril 1816.	2. 00	2. 20	2 juillet 1836.	0. 01
à dénommer...............	Idem.	100 kil. B. B.	28 avril 1816.	2. 00	2. 20	28 avril 1816.	0. 25
PIERRES ferrugineuses. V. Pierres et terres servant aux arts et métiers.							
——— gemmes * .... Diamants... bruts............	Pierres, terres et aut. fossiles.	1 hect. N. B.	27 mars 1817.	0. 50	0. 50		
taillés...............	Idem.	1 hect. N. B.	28 avril 1816.	1. 00	1. 10	27 mars 1817.	0. 01
à dénommer. brutes...............	Idem.	1 hect. N. B	27 mars 1817.	0. 25	0. 25		
taillées...............	Idem.	1 hect. N. B.	28 avril 1816.	0. 50	0. 50		
——— ouvrées............ Chiques...............	Idem.	100 kil. B. B.	28 avril 1816.	10. 00	11. 00	28 avril 1816.	0. 25
autres...............	Idem.	La valeur.	15 mars 1791.	15 p. 0/0.		28 avril 1816.	1/4 p. 0/0
——— ponces. V. Pierres et terres servant aux arts et métiers.							

PIERRES et terres servant aux arts et métiers.

DÉNOMINATION DES MARCHANDISES.	CLASSES du TARIF	UNITÉS sur lesquelles portent les droits.	ENTRÉE. TITRES de perception.	DROITS par navires français.	DROITS par navires étrangers et par terre.	SORTIE. TITRES de perception.	DROITS.
				fr. c.	fr. c.		fr. c.
IGOUILLES. V. Bois à construire.							
IMENT**.. { de la Guiane française......................	Denrées col. de consommation	100 kil. N.B.	2 juillet 1836.	10. 00	—	28 avril 1816.	0. 25
de l'Inde et des pays à l'ouest du cap Horn............	Idem.	100 kil. N.B.	2 juillet 1836.	45. 00	115. 00		
d'ailleurs....................................	Idem.	100 kil. N.B.	2 juillet 1836.	90. 00			
IN........ { bois de). V. Bois à construire.							
écorce de). V. Écorces.							
INNES-MARINES (byssus de), ou Poil de nacre * (97)............	Dépouilles d'animaux.	1 kil. B.B.	2 juillet 1836.	0. 05	0. 05	28 avril 1816.	0. 25 les 100 kil.
ISTACHES. V. Fruits de table.							
LANTES alcalines (fucus)............................	Produits et déchets divers.	100 kil. B.B.	28 avril 1816.	0. 10	0. 10	28 avril 1816.	0. 10
LANTS d'arbre.................................	Idem.	100 kil. B. B.	28 avril 1816.	0. 50	0. 50	28 avril 1816.	0. 25
LAQUÉS. (ouvrages en métaux communs, vernis, plaqués, dorés ou argentés.)................................	Ouvrages en mat. div.	100 kil.B.	10 brum. an 5.	Prohibés.		27 mars 1817.	3. 00
LÂTRE. V. Matériaux.							
LOC de vache et autres. V. Poils.							
LOMB..... { Minerai ou plomb sulfuré, quelle qu'en soit la dénomination, galène, alquifoux, sable plombifère, etc............	Métaux.	100 kil. B.B.	2 juillet 1836.	3. 50	3. 80	7 juin 1820.	0. 25
allié d'antimoine *...........................	Idem.	100 kil. B.B.	17 mai 1826.	26. 00	28. 60	28 avril 1816.	2. 00
Métal brut................................	Idem.	100 kil. B.B.	28 avril 1816.	5. 00	7. 00	28 avril 1816.	2. 00
Limailles (98)............................	Idem.	100 kil. B.B.	28 avril 1816. 2 juillet 1836.	3. 50	3. 80	28 avril 1816. 2 juillet 1836.	2. 00
en balles de calibre........................	Idem.	....	21 avril 1818.	Prohibé.		19 therm. an 4	Prohibé.
battu ou laminé *...........................	Idem.	100 kil. B.B.	23 octobre 1611	24. 00	26. 40	28 avril 1816.	0. 50
ouvré, de toute sorte *........................	Ouvrages en mat. div.						
—— (acétate et chrômate de). V. Sels.							
—— (carbonate de). V. Carbonates.							
—— (oxide de). V. Oxides.							
LOMBAGINE. V. Graphite.							
LUMES*.... { de parure { blanches, { brutes.....................	Dépouilles d'animaux.	100 kil. N.B.	27 juillet 1822.	400. 00	417. 50	27 mars 1817.	2. 00
apprétées....................	Idem.	100 kil. N.B.	27 juillet 1822.	600. 00	617. 50	28 avril 1816.	0. 25
noires... { brutes.....................	Idem.	100 kil. N.B.	27 juillet 1822.	200. 00	212. 50	27 mars 1817.	2. 00
apprétées....................	Idem.	100 kil. N.B.	27 juillet 1822.	400. 00	417. 50	28 avril 1816.	0. 25
autres... { brutes.....................	Idem.	100 kil. N.B.	27 juillet 1822.	100. 00	107. 50	27 mars 1817.	2. 00
apprétées....................	Idem.	100 kil. N.B.	27 juillet 1822.	300. 00	317. 50	28 avril 1816.	0. 25
à écrire.. { brutes, même celles de corbeau..........	Idem.	100 kil. B.B.	28 avril 1816.	40. 00	44. 00	27 mars 1817.	2. 00
apprétées, idem....................	Idem.	100 kil. N.B.	17 mai 1826.	240. 00	254. 50		
à lit. ... { Duvet... { de cygne, d'oie, de canard et de flamant....................	Idem.	100 kil. N.B.	28 avril 1816.	200. 00	212. 50	28 avril 1816.	0. 25 les 100 kil.
d'Eyder. — Édredon..............	Idem.	1 kil. N.B.	2 juillet 1836.	5. 00	5. 50		
autres plumes.....................	Idem.	100 kil. N.B.	28 avril 1816.	60. 00	65. 50		
POCHES. V. Instruments de musique.							

5

DÉNOMINATION DES MARCHANDISES.	CLASSES du TARIF.	UNITÉS sur lesquelles portent les droits.	ENTRÉE.			SORTIE.	
			TITRES de perception.	DROITS par navires français.	par navires étrangers et par terre.	TITRES de perception.	DROITS
				fr. c.	fr. c.		fr. c.
Poils.... { de chameau, d'autruche *et de phoque*..............	Dépouilles d'animaux.	100 kil. B. B.	28 avril 1816.	1.00	1.10		
de porc et de sanglier { en masse......................	Idem.	100 kil. B. B.	2 juillet 1836.	5.00	5.50	27 mars 1817.	2.00
en bottes de longueurs assorties......	Idem.	100 kil. B. B.	28 avril 1816, 2 juillet 1836.	20.00	22.00		
de vache *et autres plocs*...........	Idem.	100 kil. B. B.	28 avril 1816.	1.00	1.10	15 mars 1791.	4.08
propres à la chapellerie *ou* à la filature.......... { de lapin......................	Idem.	100 kil. B. N.	28 avril 1816.	1.00	1.10	2 juillet 1836.	2.00 le kilog.
de lièvre, de blaireau et de castor...	Idem.	100 kil. B. N.	28 avril 1816.	1.00	1.10	2 juillet 1836.	0.50 le kilog.
Duvet de cachemire * ... { brut....	Idem.	1 kil. B.	2 juillet 1836.	0.10	0.10	19 therm. an 4, 5 pluviôse an 5.	Prohibés.
peigné..	Idem.	1 kil. N.	2 juillet 1836.	1.00	1.10		
autres poils...................	Idem.	100 kil. B.	28 avril 1816.	1.00	1.10		
Poil de Messine * (99).......................	Produits et dép. d'anim.	1 kil. B. B.	2 juillet 1836.	0.05	0.05	28 avril 1816.	0.25 les 100 kil.
Poil de nacre. V. Pinnes-marines (*byssus de*).							
Poiré. V. Boissons fermentées.							
Poires écrasées. V. Pommes et poires écrasées.							
Poissons.. { d'eau douce *de toute pêche.* { frais................	Pêches.	100 kil. B.	28 avril 1816.	0.50	0.50		
préparés..................	Idem.	100 kil. B.	28 avril 1816.	40.00	44.00		
de mer { de pêche française, frais, secs, salés *ou* fumés (100)...................	Idem.	....	....	Exempts.			
de pêche étrangère. { frais... { depuis Blancmisseron jusqu'à Mont-Genèvre (101).	Idem.	100 kil. B.	2 juillet 1836.	11 francs.		27 mars 1817.	Exempts.
par tout autre point......	Idem.	100 kil. B.	17 décem. 1814.	40.00	44.00		
secs, salés *ou* fumés............	Idem.	100 kil. B.	17 décem. 1814.	40.00	44.00		
marinés *ou* à l'huile, *de toute pêche*..........	Idem.	100 kil. N.	28 avril 1816.	100.00	107.50		
Poivre** { de la Guiane française......................	Denr. col. de consomat.	100 kil. N. B.	2 juillet 1836.	10.00	—		
de l'Inde et des pays à l'ouest du cap Horn............	Idem.	100 kil. N. B.	2 juillet 1836.	40.00	105.00	28 avril 1816.	0.25
d'ailleurs......................	Idem.	100 kil. N. B.	2 juillet 1836.	80.00			
Poix. V. Résines indigènes.							
Pommades. V. Parfumeries.							
Pommes de terre...............	Farineux alimentaires.	100 kil. B. B.	28 avril 1816.	0.50	0.50	28 avril 1816.	0.25
Pommes et Poires écrasées.	Boissons.	100 kil. B. B.	2 juillet 1836.	1.00	1.10	2 juillet 1836.	0.05
Pompes à vapeur. V. Machines et mécaniques.							
Pompholix (*oxide de zinc blanc*). V. Oxides.							
Porcelaine. V. Poterie.							
Porcs...................	Animaux vivants.	par tête.	27 juillet 1822, 17 mai 1826.	12 francs.		27 juillet 1822.	0.25
Potasse. V. Alcalis.							
—— (*acétate, arséniate, carbonate, chrômate, muriate, nitrate, oxalate-acide, sulfate et tartrate de*). V. Sels.							
Poterie* { de terre...... { grossière....................	Vitrifications.	100 kil. B. B.	17 déc. 1814.	6.00	6.60		
Faïence	Idem.	100 kil. N. B.	28 avril 1816.	49.00	53.90		
de grès..... { commun.. { Ustensiles,...............	Idem.	100 kil. B. B.	7 juin 1820.	10.00	11.00		
Vaisselle de table ou de cuisine	Idem.	100 kil. B. B.	7 juin 1820.	15.00	16.50	2 juillet 1836.	0.25
fin...............	Idem.	100 kil. B.	10 brum. an 5.	Prohibée.			
Porcelaine ... { commune............	Idem.	100 kil. N. B.	28 avril 1816.	164.00	174.70		
fine............	Idem.	100 kil. N. B.	28 avril 1816.	327.00	344.50		
Poterie d'étain. V. Étain (*ouvrages d'*).							

DÉNOMINATION DES MARCHANDISES.	CLASSES du TARIF.	UNITÉS sur lesquelles portent les droits.	ENTRÉE. TITRES de perception.	DROITS. par navires français.	DROITS. par navires étrangers et par terre.	SORTIE. TITRES de perception.	DROITS.
POUDRE à poudrer *et de senteur.* V. Parfumeries.							
POUDRE à tirer (102)............................	Compositions diverses.	....	15 mars 1791, 13 fructid. an 5, 21 avril 1818.	Prohibée.		19 therm. an 4.	Prohibée.
———— d'or. V. Or.							
POULAINS. V. Chevaux.				fr. c.	fr. c.		fr. c.
PRAISS (*sauce de tabac*)*.......................	Compositions diverses.	100 kil. B. B.	2 juillet 1836.	1. 00	1. 10	28 avril 1816.	0. 25
PRESLE. V. Joncs et roseaux.							
PRÉSURE............................	Produits et dép. d'anim.	100 kil. B. B.	28 avril 1816.	0. 50	0. 50	28 avril 1816.	0. 25
						27 mars 1817. Sels	2. 00
PRODUITS CHIMIQUES non dénommés	Produits chimiques.	100 kil. B.	17 mai 1826.	Prohibés.		7 juin 1820. Sulfates....	0. 25
PROJECTILES de guerre (*fonte moulée pour*). V. Fer.						28 avril 1816. Autres.....	
PRUSSIATE de potasse cristallisé *..................	Teintures préparées.	100 kil. N. B.	27 juillet 1822.	210. 00	223. 00	28 avril 1816.	5. 00
PSALTÉRIONS. V. Instruments de musique.							
QUERCITRON **...... { des pays hors d'Europe............	Teintures et tannins.	100 kil. B. B.	2 juillet 1836.	4. 00 }		28 avril 1816.	0. 25
{ des entrepôts................	Idem.	100 kil. B. B.	2 juillet 1836.	7. 00 }	9. 00		
QUEUES de carcajou, d'écureuil, de fouine, d'hermine, etc. V. Pelleteries.							
———— de rats musqués. V. Musc.							
QUINQUINA........ { écorce de). V. Écorces médicinales.							
{ extrait de). V. Médicaments composés.							
RABANES. V. Tissus d'écorce.							
RACINES de garou. V. Garou.							
RACINES à vergette................	Bois communs.	100 kil. B. B.	28 avril 1816.	5. 00	5. 50	28 avril 1816.	0. 25
———— de chicorée.. { vertes............	Produits et déchets divers.	100 kil. B. B.	7 juin 1820.	0. 50	0. 50 }	28 avril 1816.	0. 25
{ sèches, non torréfiées....................	Idem.	100 kil. B. B.	7 juin 1820.	2. 50	2. 70 }		
———— médicinales.. { Ipécacuanha *.. { des pays hors d'Europe......	Espèces médicinales.	1 kil. N. B.	2 juillet 1836.	1. 00 }			
{ d'ailleurs...............	Idem.	1 kil. N. B.	2 juillet 1836.	2. 00 }	3. 00		
{ Rhubarbe et méchoacan * ... { de l'Inde............	Idem.	100 kil. N. B.	2 juillet 1836.	75. 00 }			
{ des autres pays hors d'Europe.	Idem..	100 kil. N. B.	2 juillet 1836.	100. 00 }	175. 00		
{ des entrepôts..........	Idem.	100 kil. N. B.	2 juillet 1836.	150. 00 }			
{ Salseparcille ... { du Sénégal **..........	Idem.	100 kil. N. B.	17 mai 1826.	40. 00 }	—		
{ d'ailleurs, hors d'Europe *...	Idem.	100 kil. N. B.	2 juillet 1836.	75. 00 }	125. 00	27 juillet 1822.	0. 25 les 100 kil.
{ des entrepôts *..........	Idem.	100 kil. N. B.	2 juillet 1836.	100. 00 }			
{ Ginseng *............	Idem.	100 kil. N. B.	28 avril 1816.	184. 00	195. 70		
{ Jalap *................	Idem.	100 kil. N. B.	28 avril 1816.	100. 00	107. 50		
{ Iris de Florence *..........	Idem.	100 kil. N. B.	28 avril 1816.	60. 00	65. 50		
{ Réglisse (103)..........	Idem.	100 kil. B. B.	21 avril 1818.	15. 00	16. 50		
{ à dénommer................	Idem.	100 kil. B. B.	28 avril 1816.	20. 00	22. 00		
RACK. V. Boissons distillées. — *Eau-de-vie de riz.*							
RAILS (*barres à rainures pour chemins de fer*). V Fers étirés en barres.							
RAMES. V. Ouvrages en bois.							
RAPATELLE (*toile à tamis*). V. Tissus de crin.							

5.

DÉNOMINATION DES MARCHANDISES.	CLASSES du TARIF.	UNITÉS sur lesquelles portent les droits.	ENTRÉE. TITRES de perception.	DROITS. par navires français.	DROITS. par navires étrangers et par terre.	SORTIE. TITRES de perception.	DROITS.
				fr. c.	fr. c.		fr. c.
RÂPES. V. Limes.							
RÂPURES.... { de corne de cerf..........	Substances prop. à la méd. et à la parfum.	100 kil. B.B.	28 avril 1816.	9.00	9.90	28 avril 1816.	0.25
d'ivoire *........	Idem.	100 kil. B.B.	28 avril 1816.	21.00	23.10		
RÉALGAR (sulfure d'arsénic rouge). V. Sulfures.							
RÉGLISSE. V. racines médicinales.							
—— (jus de). V. Jus.							
REGRETS d'orfèvre. V. Cendres et regrets.							
RÉSIDU de cire. V. Cire non ouvrée.							
RÉSINE d'huile. V. Résines indigènes.							
—— de laque. V. Laque.							
RÉSINES indigènes — brutes { d'exsudation, molles ou concrètes. — Poix ou galipot..........	Sucs végétaux.	100 kil. B.B.	27 juillet 1822.	5.00	5.50		
de combustion, concrètes ou liquides. — Brai gras et goudron..........	Idem.	100 kil. B.B.	27 juillet 1822.	5.00	5.50	28 avril 1816, 21 avril 1818.	1.00
épurées. — Térébenthine { liquide *..........	Idem.	100 kil. B.B.	28 avril 1816.	31.00	34.10		
compacte. —(pâte de)......	Idem.	100 kil. B.B.	28 avril 1816.	8.00	8.80		
distillées. — Essence de térébenthine *..........	Idem.	100 kil. B.B.	28 avril 1816.	25.00	27.50	28 avril 1816.	0.50
Résidu de distillation. — Brai sec, colophane, résine d'huile..........	Idem.	100 kil. B.B.	27 juillet 1822.	5.00	5.50	28 avril 1816.	1.00
RÉSINEUX exotiques ** — Scammonée..........	Idem.	100 kil. N.B.	2 juillet 1836.	150.00	160.00		
Jalap..........	Idem.	100 kil. N.B.	28 avril 1816.	123.00	131.60		
Labdanum, concret ou liquide..........	Idem.	100 kil. N.B.	28 avril 1816.	92.00	99.10	27 juillet 1822.	0.25
à dénommer { de l'Inde..........	Idem.	100 kil. N.B.	17 mai 1826.	50.00			
d'ailleurs, hors d'Europe......	Idem.	100 kil. N.B.	17 mai 1826.	90.00	125.00		
des entrepôts..........	Idem.	100 kil. N.B.	17 mai 1826.	100.00			
RHUBARBE. V. Racines médicinales.							
RHUM. V. Boissons distillées. — Eau-de-vie de mélasse.							
RHUS de toute sorte. V. Sumac.							
RIZ — en grains — des ports de premier embarquement { des pays hors d'Europe......	Farineux alimentaires.	100 kil. B.B.	15 avril 1832.	2.50			
à Europe	Idem.	100 kil. B.B.	15 avril 1832.	4.00	9.00		
des entrepôts..........	Idem.	100 kil. B.B.	15 avril 1832.	6.00			
du Piémont en droiture par terre..........	Idem.	100 kil. B.B.	15 avril 1832.	—	6.00	15 avril 1832.	0.25
en paille (104) — des ports de premier embarquement { des pays hors d'Europe......	Idem.	100 kil. B.B.	2 juillet 1836.	1.25			
d'Europe..........	Idem.	100 kil. B.B.	2 juillet 1836.	2.00	4.50		
des entrepôts..........	Idem.	100 kil. B.B.	2 juillet 1836.	3.00			
du Piémont en droiture par terre..........	Idem.	100 kil. B.B.	2 juillet 1836.	—	3.00		
ROCOU **... { de la Guiane française..........	Teintures préparées.	100 kil. B.B.	2 juillet 1836.	7.50	—	27 juillet 1822.	0.50
d'ailleurs, hors d'Europe..........	Idem.	100 kil. B.B.	2 juillet 1835.	15.00	25.00		
des entrepôts.)	Idem.	100 kil. B.B.	2 juillet 1836.	20.00			
Graines de.)	Idem.	100 kil. B.B.	2 juillet 1836.	1.35	1.40	28 avril 1816.	0.25
ROGNURES et dolures { de peaux blanches..........	Produits et dép. d'anim.	100 kil. B.B.	28 avril 1816.	1.00	1.10	2 juillet 1836.	0.25
d'autres peaux et Oreillons à fabriquer la colle forte......	Idem.	100 kil. B.	28 avril 1816.	1.00	1.10	19 therm. an 4.	Prohibées.
ROGUES de morue et de maquereau...., { de pêche française (105)...	Pêches.	....		Exemptes.		27 mars 1817.	Exemptes.
de pêche étrangère........	Idem.	100 kil. D.	28 avril 1816.	0.50	0.50		
ROSEAUX. V. Joncs.							
ROTINS. V. Joncs.							
RUBANNERIE et rubans. V. Tissus selon l'espèce.							
RUCHES à miel, renfermant des essaims vivants..........	Animaux vivants.	La pièce.	28 avril 1816.	1 franc.		28 avril 1816.	0.25

DÉNOMINATION DES MARCHANDISES.	CLASSES du TARIF.	UNITÉS sur lesquelles portent les droits.	ENTRÉE.			SORTIE.	
			TITRES de perception.	DROITS. par navires français.	par navires étrangers et par terre.	TITRES de perception.	DROITS.
Sable à verre et à faïence. V. Pierres et terres servant aux arts et métiers.							
—— plombifère. V. Plomb. — Minerai.				fr. c.	fr. c.		fr. c.
Sabots de bétail................................	Matières dures à tailler.	100 kil. B. B.	2 juillet 1836.	0. 10	0. 10	28 avril 1816.	20. 00
—— en bois. V. Ouvrages en bois ou mercerie commune, selon l'espèce.							
Safran. (stigmate de la fleur du crocus).*	Teintures et tannins.	1 kil. N. B.	2 juillet 1836.	5. 00	5. 50	28 avril 1816.	8. 00 les 100 kil.
Safre. V. Cobalt.							
Sagou *................................	Farineux alimentaires.	100 kil. N. B.	28 avril 1816.	41. 00	45. 10	28 avril 1816.	0. 25
Saindoux. V. Graisses.							
Salep *................................	Farineux alimentaires.	100 kil. N. B.	7 juin 1820.	80. 00	86. 50	28 avril 1816.	0. 25
Salpêtre. (nitrate de potasse). V. Sels. — Nitrates.							
Salsepareille. V. Racines médicinales.							
Sang de bétail, excepté celui de bouc desséché..............	Produits et dép. d'anim.	100 kil. B. B.	28 avril 1816, art. 16.	1. 00	1. 10	27 juillet 1822.	2. 00
—— de bouc, desséché *................................	Substances prop. à la méd. et à la parfum.	100 kil. B. B.	28 avril 1816	31. 00	34. 10	28 avril 1816.	0. 25
Sangsues................................	Idem.	Le 1000 en nombre.	27 mars 1817.	1 franc.		27 mars 1817.	0. 50
Sapan (bois de). V. Bois de teinture.							
Sapin (bois de). V. Bois à construire.							
—— (écorces de). V. Écorces.							
Sarrasin. V. le tableau des céréales, page 56.							
Sarrette................................	Teintures et tannins.	100 kil. B. B.	28 avril 1816,	5. 00	5. 50	28 avril 1816.	6. 00
Sassafras (bois de). V. Bois odorants.							
Sauce de tabac. V. Praiss.							
Savons ordinaires, blancs, rouges, marbrés ou noirs............	Compositions diverses.	100 kil. B.	11 juill. 1810.	Prohibés.		28 avril 1816.	0. 25
—— parfumés, liquides, en poudre, pains et boules. V. Parfumeries.							
Scammonée. V. Résineux exotiques.							
Schakos. V. Feutres.							
Scies * (106) { ayant 146 centimètres de longueur ou plus, mais d'épaisseur d'usage....................	Ouvrages en mat. diverses.	100 kil. N. B.	7 juin 1820.	140. 00	149. 50	27 mars 1817.	1. 00
ayant moins de 146 centimètres de longueur........	Idem.	100 kil. N. B.	7 juin 1820.	200. 00	212. 50		
Seigle. V. le tableau des céréales, page 51.							
Sellerie.... { grossière. — Bâts non garnis de cuir............	Ouvrages en mat. diverses.	La pièce.	15 mars 1791.	50 centimes.		28 avril 1816.	0. 05
en cuir et autre............	Idem.	La valeur.	10 brum. an 5.	Prohibée.		24 nivôse an 5.	1/2 p. 0/0
Sel ammoniac. V. Sels ammoniacaux.							
—— de duobus, de glauber, d'epsom. V. Sels. — Sulfates.							
—— d'oscille. (oxalate acide de potasse.) V. Sels.							
—— de saturne. (acétate de plomb). V. Sels. — Acétates.							
—— de seignette. (tartrate de soude et de potasse). V. Sels, — Tartrates.							
—— fossile, gemme, marin. V. Sels.							
—— végétal, (tartrate de potasse). V. Sels — Tartrates.							
—— volatil, (carbonate d'ammoniaque). V. Sels ammoniacaux.							

DÉNOMINATION DES MARCHANDISES.	CLASSES du TARIF.	UNITÉS sur lesquelles portent les droits.	ENTRÉE. TITRES de perception.	ENTRÉE. DROITS. par navires français.	ENTRÉE. DROITS. par navires étrangers et par terre.	SORTIE. TITRES de perception.	SORTIE. DROITS.
				fr. c.	fr. c.		fr. c.
SELS. marin — de marais ou de saline..........	Produits chimiques.	100 kil. B.	15 mars 1791.	Prohibé.		28 avril 1816.	0. 01
gemme ou fossile *..........	Idem.	100 kil. B. B.	17 déc. 1814.	40. 00	44. 00	17 mai 1826.	0. 01
ammoniacaux* bruts en poudre, *de quelque nature que ce soit*....	Idem.	1 kil. N. B.	2 juillet 1836.	0. 50	0. 50		
raffinés en pains..........	Idem.	1 kil. N. B.	2 juillet 1836.	1. 00	1. 00	27 mars 1817.	2. 00 les 100 kil.
Nitrates *... de potasse (*nitre ou salpêtre*).......... des pays hors d'Europe	Idem.	100 kil. B. B.	5 juillet 1836.	15. 00	25. 00		
d'ailleurs..........	Idem.	100 kil. B. B.	5 juillet 1836.	20. 00			
de soude .... des pays hors d'Europe	Idem.	100 kil. B. B.	5 juillet 1836.	15. 00	25. 00	17 mai 1826.	0. 25
d'ailleurs..........	Idem.	100 kil. B. B.	5 juillet 1836.	20. 00			
Muriate de potasse *..........	Idem.	100 kil. B. B.	27 juillet 1822.	30. 00	33. 00	28 avril 1816.	0. 25
Sulfates *... de potasse (*sel de duobus*). (107) des pays hors d'Europe....	Idem.	100 kil. N. B.	28 avril 1816, 27 mars 1817.	15. 00	21. 00		
des entrepôts..........	Idem.	100 kil. N. B.	28 avril 1816, 27 mars 1817.	18. 00			
de soude (*sel de glauber*) (107) des pays hors d'Europe....	Idem.	100 kil. N. B.	28 avril 1816, 27 mars 1817.	15. 00	21. 00		
des entrepôts..........	Idem.	100 kil. N. B.	28 avril 1816, 27 mars 1817.	18. 00			
de magnésie (*sel d'epsom*).	Idem.	100 kil. N. B.	28 avril 1816.	70. 00	76. 00		
d'alumine. — Alun. brûlé ou calciné.	Idem.	100 kil. N. B.	7 juin 1820.	89. 40	97. 30	7 juin 1820.	0. 25
de toute autre espèce	Idem.	100 kil. B. B.	7 juin 1820.	25. 00	28. 00		
de baryte (*spath pesant*)..........	Idem.	100 kil. B. B.	2 juillet 1836.	5. 00	5. 50		
de fer (*couperose verte*)..........	Idem.	100 kil. B. B.	2 juillet 1836.	6. 00	6. 60		
de cuivre (*couperose bleue*)..........	Idem.	100 kil. B. B.	28 avril 1816.	31. 00	34. 10		
de zinc (*couperose blanche*)..........							
Oxalate acide de potasse (*sel d'oseille*) *....	Idem.	100 kil. N. B.	28 avril 1816.	70. 00	76. 00	27 mars 1817.	2. 00
Tartrates... acide de potasse très-impur (*lie de vin*). liquide....	Idem.	100 kil. B. B.	28 avril 1816.	1. 00	1. 10	15 mars 1791.	2. 04
desséché......	Idem.	100 kil. B. B.	28 avril 1816.	1. 00	1. 10		
impur (*tartre brut*)* (108) des pays h. d'Eur.	Idem.	100 kil. N. B.	28 avril 1816.	15. 00	21. 00	15 mars 1791.	7. 14
des entrepôts....	Idem.	100 kil. N. B.	28 avril 1816.	18. 00			
pur *.... cristaux de tartre.	Idem.	100 kil. B. B.	2 juillet 1836.	25. 00	27. 50	27 mars 1817.	2. 00
crême de tartre.	Idem.	100 kil. B. B.	28 avril 1816.	30. 00	33. 00	7 juin 1820.	0. 50
de potasse (*sel végétal*) *....							
de soude et de potasse (*sel de seignette*) *......	Idem.	100 kil. N. B.	28 avril 1816.	70. 00	76. 00	27 mars 1817.	2. 00
de potasse (*terre foliée*) et de soude..........							
Acétates *... de fer.	Idem.	100 kil. B. B.	28 avril 1816.	40. 00	44. 00	28 avril 1816.	0. 25
de plomb (*sel de saturne*).	Idem.	100 kil. N. B.	28 avril 1816.	70. 00	76. 00	2 juillet 1836.	0. 25
de cuivre.... non cristallisé (*vert de gris*) humide......	Idem.	100 kil. B. B.	28 avril 1816.	13. 00	14. 30		
sec......	Idem.	100 kil. B. B.	28 avril 1816.	31. 00	34. 10		
cristallisé (*verdet cristallisé*)....	Idem.	100 kil. N. B.	28 avril 1816.	41. 00	45. 10	27 mars 1817.	2. 00
Arséniate de potasse *.	Idem.	100 kil. N. B.	28 avril 1816, art. 16.	70. 00	76. 00		
Carbonates *... de magnésie.	Idem.	100 kil. N. B.	1er août 1792.	200. 00	212. 50		
de potasse (109) des pays hors d'Europe.	Idem.	100 kil. N. B.	28 avril 1816, 27 mars 1817.	15. 00	21. 00		
des entrepôts.	Idem.	100 kil. N. D.	28 avril 1816, 27 mars 1817.	18. 00		27 mars 1817.	2. 00
de baryte natif.	Idem.	100 kil. N. B.	2 juillet 1836.	10. 00	11. 00		
Borax *... brut (110)... de l'Inde.	Idem.	100 kil. N. B.	17 mai 1826.	50. 00	125. 00		
d'ailleurs.	Idem.	100 kil. N. B.	17 mai 1826.	100. 00			
mi-raffiné de l'Inde.	Idem.	100 kil. N. B.	17 mai 1826.	65. 00	162. 50	27 mars 1817.	2. 00
d'ailleurs.	Idem.	100 kil. N. B.	17 mai 1826.	130. 00			
raffiné.	Idem.	100 kil. N. B.	28 avril 1816.	180. 00	191. 50	2 juillet 1822.	0. 25
Chromates *... de plomb.	Idem.	100 kil. N. B.	5 juillet 1836.	75. 00	81. 20	27 mars 1817.	2. 00
de potasse.	Idem.	100 kil. N. B.	5 juillet 1836.	150. 00	160. 00		
non dénommés. V. Produits chimiques non dénommés.							

DÉNOMINATION DES MARCHANDISES.	CLASSES du TARIF.	UNITÉS sur lesquelles portent les droits.	ENTRÉE. TITRES de perception.	DROITS par navires français.	DROITS par navires étrangers et par terre.	SORTIE. TITRES de perception.	DROITS.
Séné (*feuilles de*). V. Feuilles médicinales.							
—— (*follicules de*). V. Fruits médicinaux.							
Sénevé. V. Épices préparées *ou* fruits médicinaux, selon l'espèce.							
Serinettes. V. Instruments de musique.							
Serpents. V. Instruments de musique.				fr. c.	fr. c.		
Sirops (111). de Bourbon**	Denr. col. de consommation.	100 kil. N. B.	27 mars 1817, 26 avril 1833.	38. 50	—		fr. c.
des Antilles et de la Guiane française**	Idem.	100 kil. N. B.	27 mars 1817, 26 avril 1833.	45. 00	—	28 avril 1816.	0. 25
de l'Inde*	Idem.	100 kil. N. B.	27 mars 1817, 26 avril 1833.	90. 00			
d'ailleurs hors d'Europe*	Idem.	100 kil. N. B.	27 mars 1817, 26 avril 1833.	95. 00	120. 00		
des entrepôts*	Idem.	100 kil. N. B.	27 mars 1817, 26 avril 1833.	105. 00			
Sistres. V. Instruments de musique.							
Smalt. V. Cobalt vitrifié.							
Snack (*Cornes de*). V. Cornes de cerf.							
Soies *. en cocons	Produits et dép. d'anim.	100 kil. B.	28 avril 1816	1. 00	1. 10	30 avril 1806.	Prohibées.
écrues. gréges, y compris les douppions	Idem.	1 kil. B. N.	2 juillet 1836.	0. 05	0. 05	2 juillet 1836.	3. 00
moulinées, y compris les douppions	Idem.	1 kil. B. N.	2 juillet 1836.	0. 10	0. 10	2 juillet 1836.	2. 00
teintes. en cuit pour tapisserie, quand elles sont en pelotons pesant au plus un demi-kilog., ou en petits écheveaux ou en bobines dont le poids n'excède pas 3 décagrammes	Idem.	1 kil. N. N.	3 frimaire an 5.	3. 06	3. 30	19 therm. an 4, 2 juillet 1836.	1. 00
à coudre, le poids de chaque écheveau ou de chaque bobine n'excédant pas 3 décagrammes	Idem.	1 kil. N. N.	3 frimaire an 5.	3. 06	3. 30	8 floréal an 11, 2 juillet 1836.	0. 10
toutes autres	Idem.	1 kil. N. N.	3 frimaire an 5.	3. 06	3. 30	2 juillet 1836.	6. 00
Bourre. en masse. écrue	Idem.	100 kil. B. N.	28 avril 1816	1. 00	1. 10		2. 00 le kil.
teinte	Idem.	1 kil. N. N.	9 floréal an 7.	0. 82	0. 90	2 juillet 1836.	
en feuilles et gommées.—Ouate.	Idem.	100 kil. N. N.	28 avril 1816	62. 00	67. 60		
cardée. frisons peignés	Idem.	1 kil. N. N.	9 floréal an 7.	0. 82	0. 90	2 juillet 1836.	1. 00
toute autre	Idem.	1 kil. N. N.	9 floréal an 7.	0. 82	0. 90	2 juillet 1836.	2. 00
filée.—Fleuret écru	Idem.	1 kil. N. B.	9 floréal an 7.	0. 82	0. 90	17 mai 1826,	0. 05
teint	Idem.	1 kil. N. B.	9 floréal an 7.	3. 06	3. 30	2 juillet 1836.	
Son de toute sorte de grains. V. Fourrages.							
Sorbet *	Denr. col. de consommation.	100 kil. N. B.	28 avril 1816	74. 00	80. 20	28 avril 1816.	0. 25
Soude de toute sorte. V. Alcalis.							
—— (*acétate, nitrate, sulfate, tartrate de*) V. Sels.							
Soufre. Minerai de première extraction, *avec son mélange de parties terreuses*	Pierres, terres et aut. fossiles.	100 kil. B. B.	2 juillet 1836.	0. 25	0. 25		
fondu. en masse, *non épuré*	Idem.	100 kil. B. B.	2 juillet 1836.	0. 75	1. 50	28 avril 1816.	0. 50
en canons ou autrement épuré	Idem.	100 kil. B. B.	2 juillet 1836.	5. 00	5. 50		
sublimé en poudre, ou fleur de soufre	Idem.	100 kil. B. B.	2 juillet 1836.	13. 00	14. 30		
Sparte et Sparterie. V. Joncs et Roseaux, Chapeaux, Cordages, Nattes et Tresses, Tissus, Vannerie, selon l'espèce.							
Spath. V. Pierres et Terres servant aux arts et métiers, ou Sels (*sulfate de baryte*), selon l'espèce.							
Stil de grain * (*pâte jaune d'argile et de nerprun.*)	Couleurs.	100 kil. B. B.	28 avril 1816	25. 00	27. 50	27 mars 1817.	2. 00
Storax. V. Baumes.							
Styrax. V. Baumes. — *Storax préparé, liquide.*							
Succin. V. Bitumes.							

DÉNOMINATION DES MARCHANDISES.	CLASSES du TARIF.	UNITÉS sur lesquelles portent les droits.	ENTRÉE. TITRES de perception.	DROITS par navires français.	DROITS par navires étrangers et par terre.	SORTIE. TITRES de perception.	DROITS.
				fr. c.	fr. c.		fr. c.
SUCRE** (112) — des colonies françaises — brut, autre que blanc — de Bourbon............	Denr. col. de consommation.	100 kil. N.B.	26 avril 1833.	38. 50	—		
des Antilles et de la Guiane....	Idem.	100 kil. N.B.	26 avril 1833.	45. 00	—		
brut blanc — de Bourbon........	Idem.	100 kil. N.B.	26 avril 1833.	53. 50	—		
des Antilles et de la Guiane...	Idem.	100 kil. N.B.	26 avril 1833.	60. 00	—		
terré, de toutes nuances — de Bourbon............	Idem.	100 kil. N.B.	26 avril 1833.	61. 00	—		
des Antilles et de la Guiane..	Idem.	100 kil. N.B.	26 avril 1833.	70. 00	—	28 avril 1816.	0. 25
étranger — brut, autre que blanc — de l'Inde..............	Idem.	100 kil. N.B.	26 avril 1833.	80. 00			
d'ailleurs, hors d'Europe......	Idem.	100 kil. N.B.	26 avril 1833.	85. 00	100. 00		
des entrepôts..............	Idem.	100 kil. N.B.	26 avril 1833.	95. 00			
brut blanc ou terré, sans distinction de nuance ni du mode de fabrication — de l'Inde......	Idem.	100 kil. N.B.	26 avril 1833.	90. 00			
d'ailleurs, hors d'Europe......	Idem.	100 kil. N.B.	26 avril 1833.	95. 00	120. 00		
des entrepôts..............	Idem.	100 kil. N.B.	26 avril 1833.	105. 00			
SUCRE raffiné, en pains, en poudre ou Candi................	Compositions diverses.	100 kil. B.B.	28 avril 1816.	Prohibé.		28 avril 1816.	0. 25
SUIE de résine. V. Noir.							
SUIF brut. V. Graisses.							
SULFATES. V. Sels.							
SULFURES — d'arsénic jaune en masses (orpiment) ou rouge (réalgar)...	Produits chimiques.	100 kil. B.B.	28 avril 1816.	15. 00	16. 50		
de mercure* — en pierres, naturel ou artificiel (cinabre)......	Idem.	100 kil. N.B.	28 avril 1816.	150. 00	160. 00	28 avril 1816.	0. 25
pulvérisé (vermillon).............	Idem.	100 kil. N.B.	28 avril 1816.	200. 00	212. 50		
SUMAC et fustet — écorces, feuilles et brindilles............	Teintures et tannins.	100 kil. B.B.	2 juillet 1836.	1. 00	1. 10		
moulu......	Idem.	100 kil. B.B.	2 juillet 1836.	15. 00	16. 50	27 juillet 1822.	0. 50
TABAC — en feuilles ou en côtes — pour la régie — des pays hors d'Europe........	Denr. col. de consommation.	100 kil. B.B.	7 juin 1820.	Exempt.	10. 00		
des entrepôts.............	Idem.	100 kil. B.B.	7 juin 1820.	5. 00		17 mai 1826.	0. 25
pour compte particulier............	Idem.	100 kil. B.	7 juin 1820.	Prohibé.			
fabriqué ou seulement préparé (113)........	Compositions diverses.	100 kil. B.	7 juin 1820.	Prohibé.		24 nivôse an V.	0. 51
TABLETTERIE* — Billes de billard en ivoire..........	Ouvrages en mat. diverses.	1 kil. N.B.	28 avril 1816.	4. 00	4. 40		
Peignes — d'ivoire......	Idem.	1 kil. N.B.	28 avril 1816.	4. 00	4. 40		
d'écaille......	Idem.	1 kil. N.B.	28 avril 1816.	5. 00	5. 50	27 mars 1817.	0. 01
non dénommée............	Idem.	1 kil. B.	10 brum. an 5.	Prohibée.			
TAFIA. V. Boissons distillées. — Eau-de-vie de mélasse.							
TAMARINS. V. Fruits médicinaux.							
TAMBOURS et tambourins. V. Instruments de musique.							
TAN. V. Écorces.							
TANNINS artificiels — à l'état sec...............	Teintures préparées.	100 kil. B.B.	5 juillet 1836.	7. 60	8. 30	28 avril 1816.	0. 25
à l'état liquide...............	Idem.	100 kil. B.B.	5 juillet 1836.	3. 90	4. 20		
TAPIS. V. Tissus, selon l'espèce.							
TARTRATES. V. Sels.							
TARTRE brut. V. Sels.—Tartrates.							
TAUREAUX, bouvillons et taurillons......................	Anim. vivants.	Par tête.	27 juillet 1822.	15 francs.		27 juillet 1822.	3. 00
TÉRÉBENTHINE. V. Résines indigènes.							
TERRE de Cologne. V. Noir.							
—— de Lemnos. V. Pierres et terres servant aux arts et métiers.							

DÉNOMINATION DES MARCHANDISES.	CLASSES du TARIF.	UNITÉS sur lesquelles portent les droits.	ENTRÉE.			SORTIE.	
			TITRES de perception.	DROITS par navires français.	par navires étrangers et par terre.	TITRES de perception.	DROITS.
ERRE de pipe et de porcelaine. V. Pierres et terres servant aux arts et métiers.				fr. c.	fr. c.		fr. c.
NÉ ** ...... { de l'Inde....................	Denr. col. de consommation.	1 kil. N. B.	17 mai 1826.	1. 50	} 6. 00	28 avril 1816.	0. 25
d'ailleurs....................	Idem.	1 kil. N. B.	17 mai 1826.	5. 00			les 100 kil.
IMBALES. V. Instruments de musique.							
ISSUS de bourre de soie, façon cachemire....................	Tissus.	1 kil. N.	7 juin 1820.	Prohibés.		28 avril 1816.	0. 02
ISSUS de coton .. { sauf les exceptions ci-après..............	Idem.	100 kil. B.	10 brum. an 5, 1er pluv. an 13, 30 avril 1806, 10 mars 1809, 28 av. 1816, etc.	Prohibés.		28 avril 1816.	0. 50 les 100 kil.
Nankin apporté en droiture ** ..... { de l'Inde.....	Idem.	1 kil. N. B.	7 juin 1820.	5. 00	Prohibé.		
d'ailleurs	Idem.	....	7 juin 1820.	Prohibé.			
Dentelles fabriquées à la main et aux fuseaux *	Idem.	La valeur.	2 juillet 1836.	5 p. 0/0.		28 avril 1816.	1/4 p. 0/0.
Applications sur tulle d'ouvrages en dentelle de fil *.	Idem.	La valeur.	5 juillet 1836.	5 p. 0/0.		28 avril 1816.	1/4 p. 0/0
ISSUS de crin * .. { Toile à tamis (rapatelle)....................	Idem.	100 kil. N. B.	28 avril 1816.	41. 00	45. 10	28 avril 1816.	1. 50
Passementerie....................	Idem.	100 kil. N. B.	28 avril 1816.	150. 00	160. 00		
Chapeaux....................	Idem.	La pièce.	28 avril 1816.	25 centimes.		28 avril 1816.	0. 05
tous autres sans exception....................	Idem.	100 kil. B.	10 brum. an 5.	Prohibés.		28 avril 1816.	1. 50
ISSUS d'écorce, purs ou mélangés { en fibres de palmiers dits pagnes ou rabanes * .. { de 8 fils ou moins (114) ...	Idem.	Le m. carré.	5 juillet 1836.	45 centimes.			
au-dessus de 8 fils........	Idem.	100 kil. B.	5 juillet 1836.	Même droit que les toiles de lin, selon l'espèce.		28 avril 1816.	1. 60 100 kil. B.
autres	Idem.	....	7 juin 1820.	Prohibés.			
ISSUS de fleuret * { Étoffes.. { pures....................	Idem.	1 kil. N. N.	28 avril 1816.	7. 00	7. 70	28 avril 1816.	0. 02
mêlées d'or ou d'argent... { fin........	Idem.	1 kil. N. N.	28 avril 1816.	10. 00	11. 00	27 mars 1817.	0. 40
faux........	Idem.	1 kil. N.	15 mars 1791.	Prohibés.		27 mars 1817.	0. 04
Couvertures....................	Idem.	100 kil. N. N.	15 mars 1791.	204. 00	216. 70		
Tapis, même mêlés de fil....................	Idem.	100 kil. N. N.	15 mars 1791.	306. 00	323. 50	28 avril 1816.	2. 00 les 100 kil.
Bonneterie....................	Idem.	1 kil. N. N.	21 avril 1818.	6. 00	6. 60		
Passementerie et rubans....................	Idem.	100 kil. N. N.	28 avril 1816.	800. 00	817. 50		
TISSUS de laine... { sauf les exceptions ci-après....................	Idem.	100 kil. B.	10 brum. an 5, 28 avril 1816.	Prohibés.			
Couvertures *	Idem.	100 kil. N. B.	17 mai 1826.	200. 00	212. 50		
Tapis de pied * { simples { à chaîne de fil de lin ou de chanvre, dont l'envers présente un canevas { Moquettes { veloutées dont le canevas présente, dans l'espace d'un décimètre, au moins 40 carreaux en hauteur et 50 en longueur (115).	Idem.	100 kil. N. B.	5 juillet 1836.	250 fr. 00 cent.			
autres.....	Idem.	100 kil. N. B.	5 juillet 1836.	300. 00	317. 50		
autres tapis, soit de pure laine, soit mêlés de fil, mais sans canevas à l'envers..	Idem.	100 kil. N. B.	5 juillet 1836.			28 avril 1816.	1. 50
à nœuds { à chaîne, autre que de fil de lin ou de chanvre......	Idem.	100 kil. N. B.	5 juillet 1836.	500. 00	517. 50		
à chaîne de fil, de lin ou de chanvre..............	Idem.	100 kil. N. B.	5 juillet 1836.	300. 00	317. 50		
Burail et crépon de Zurich (116)....................	Idem.	100 kil. N. B.	17 mai 1826.	200. 00	212. 50		
Toile à blutoir, sans couture *	Idem.	100 kil. N. B.	7 juin 1820.	Prohibée.			
Bonneterie....................	Idem.	100 kil. B.	10 brum. an 5.	Prohibée.			
Passementerie et rubannerie * { de pure laine { blanche.....	Idem.	100 kil. N. B.	27 juillet 1822. 5 juillet 1836.	190. 00	202. 00		
teinte.......	Idem.	100 kil. N. B.	27 juillet 1822. 5 juillet 1836.				
mélangée de fil, laine et poil.	Idem.	100 kil. N. B.	27 juillet 1822. 5 juillet 1836.	220. 00	233. 50		

6

DÉNOMINATION DES MARCHANDISES.	CLASSES du TARIF.	UNITÉS sur lesquelles portent les droits.	ENTRÉE. TITRES de perception.	DROITS par navires français.	par navires étrangers et par terre.	SORTIE. TITRES de perception.	DROITS.
écrue, avec ou sans apprêt — de moins de 8 fils..........	Tissus.	100 kil.N.B.	17 mai 1826.	30 francs.			
de 8 fils................	Idem.	100 kil.N.B.	5 juillet 1836.	36 francs.			
de 9 fils inclusiv. à 12 exclusiv.	Idem.	100 kil.N.B.	17 mai 1826.	65 francs.			
de 12 fils...............	Idem.	100 kil.N.B.	5 juillet 1836.	75 francs.			
de 13 fils inclus. à 16 exclusiv.	Idem.	100 kil.N.B.	17 mai 1826.	105 francs.			
de 16 fils...............	Idem.	100 kil.N.B.	5 juillet 1836.	150 francs.			
de 17 fils...............	Idem.	100 kil.N.B.	17 mai 1826.	170 francs.			
de 18 et 19 fils...........	Idem.	100 kil.N.B.	5 juillet 1836.	180 francs.			
de 20 fils............	Idem.	100 kil.N.B.	5 juillet 1836.	225 francs.			
au-dessus de 20 fils.........	Idem.	100 kil.N.B.	17 mai 1826.	350 francs.			
blanche ou mi-blanche — de moins de 8 fils..........	Idem.	100 kil.N.B.	17 mai 1826.	60 francs.			
de 8 fils.............	Idem.	100 kil.N.B.	5 juillet 1836.	72 francs.			
de 9 fils inclus. à 12 exclus...	Idem.	100 kil.N.B.	17 mai 1826.	130 francs.			
de 12 fils...............	Idem.	100 kil.N.B.	5 juillet 1836.	150 francs.			
de 13 fils inclus. à 16 exclus...	Idem.	100 kil.N.B.	17 mai 1826.	210 francs.			
de 16 fils...............	Idem.	100 kil.N.B.	5 juillet 1836.	300 francs.			
de 17 fils...............	Idem.	100 kil.N.B.	17 mai 1826.	340 francs.			
de 18 et 19 fils............	Idem.	100 kil.N.B.	5 juillet 1836.	360 francs.			
de 20 fils.............	Idem.	100 kil.N.B.	5 juillet 1836.	450 francs.			
au-dessus de 20 fils.........	Idem.	100 kil.N.B.	17 mai 1826.	700 francs.			
teinte — de moins de 8 fils..........	Idem.	100 kil.N.B.	27 mars 1817, 17 mai 1826.	60 francs.			
de 8 fils...............	Idem.	100 kil.N.B.	5 juillet 1836.	72 francs.			
de 9 fils inclus. à 12 exclus...	Idem.	100 kil.N.B.	27 mars 1817, 17 mai 1826.	85 francs.			
de 12 fils...............	Idem.	100 kil.N.B.	5 juillet 1836.	98 francs.			
de 13 fils inclus. à 16 exclus..	Idem.	100 kil.N.B.	17 mai 1826.	120 francs.		17 mai 1826.	fr. c. 0. 25 les 100 kil.
de 16 fils...............	Idem.	100 kil.N.B.	5 juillet 1836.	171 fr. 40 cent.			
de 17 fils...............	Idem.	100 kil.N.B.	17 mai 1826.	200 francs.			
de 18 et 19 fils............	Idem.	100 kil.N.B.	5 juillet 1836.	211 fr. 75 cent.			
de 20 fils.............	Idem.	100 kil.N.B.	5 juillet 1836.	263 fr. 50 cent.			
au-dessus de 20 fils.........	Idem.	100 kil.N.B.	17 mai 1826.	420 francs.			
imprimée — de moins de 8 fils..........	Idem.	100 kil.N.B.	17 mai 1826.	60 francs.			
de 8 fils...............	Idem.	100 kil.N.B.	5 juillet 1836.	72 francs.			
de 9 fils inclus. à 12 exclus...	Idem.	100 kil.N.B.	17 mai 1826.	130 francs.			
de 12 fils...............	Idem.	100 kil.N.B.	5 juillet 1836.	150 francs.			
de 13 fils inclus. à 16 exclus...	Idem.	100 kil.N.B.	17 mai 1826.	210 francs.			
de 16 fils...............	Idem.	100 kil.N.B.	5 juillet 1836.	300 francs.			
de 17 fils...............	Idem.	100 kil.N.B.	17 mai 1826.	340 francs.			
de 18 fils et 19 fils.........	Idem.	100 kil.N.B.	5 juillet 1836.	360 francs.			
de 20 fils.............	Idem.	100 kil.N.B.	5 juillet 1836.	450 francs.			
au-dessus de 20 fils.........	Idem.	100 kil.N.B.	17 mai 1826.	700 francs.			
à matelas, sans distinction de fils.......	Idem.	100 kil.N.B.	17 mai 1826.	130f 00c	139f 00c		
cirée — de moins de 8 fils..........	Idem.	100 kil.N.B.	21 avril 1818.	70 francs.			
de 8 fils inclus. à 13 exclus...	Idem.	100 kil.N.B.	21 avril 1818.	120 francs.			
de 13 fils inclus. à 20 exclus..	Idem.	100 kil.N.B.	21 avril 1818.	170 francs.			
de 20 fils et au-dessus......	Idem.	100 kil.N.B.	21 avril 1818.	220 francs.			
peinte sur enduit pour tapisserie.......	Idem.	100 kil.N.B.	28 avril 1816.	184f 00c	195f 70c		
croisée ou coutil — pour tenture ou literie.............	Idem.	100 kil.N.B.	5 juillet 1836.	140. 00	149. 50		
pour vêtements.................	Idem.	100 kil.N.B.	5 juillet 1836.	250. 00	265. 00		

Left-margin grouping: Tissus de lin ou de chanvre* — Toile... (117) — unie....

DÉNOMINATION DES MARCHANDISES.	CLASSES du TARIF.	UNITÉS sur lesquelles portent les droits.	ENTRÉE. TITRES de perception.	DROITS. par navires français.	par navires étrangers et par terre.	SORTIE. TITRES de perception.	DROITS.
				fr. c.	fr. c.		fr. c.
Linge de table en pièces, ouvragé et damassé {écru	Tissus.	100 kil.N.B.	5 juillet 1836.	150. 00	160. 00		
{blanc	Idem.	100 kil.N.B.	5 juillet 1836.	300. 00	317. 50	17 mai 1826.	0. 25 les 100 kil.
Mouchoirs	Idem.	100 kil.N.B.	17 mai 1826.	Mêmes droits que la toile, selon leur espèce.			
Batiste et linon	Idem.	1 kil.N.B.	28 avril 1816.	25. 00	27. 50		
Dentelles	Idem.	La valeur.	7 juin 1820.	5 p. 0/0.		28 avril 1816.	1/4 p. 0/0
Tulle	Idem.	100 kil.B.	10 mars 1809.	Prohibé.			
Bonneterie	Idem.	100 kil.N.B.	28 avril 1816.	200. 00	212. 50		
Passementerie et rubans de fil {écrus... {bis ou herbés	Idem.	100 kil.N.B.	2 juillet 1836.	80. 00	86. 50		
{mélangés de blancs	Idem.	100 kil.N.B.	2 juillet 1836.	120. 00	128. 50	17 mai 1826.	0. 25
{blancs {teints en tout ou en partie	Idem.	100 kil.N.B.	2 juillet 1836.	150. 00	160. 00		
Rubans à jour	Idem.	100 kil.N.B.	28 avril 1816.	500. 00	517. 50		
Tissus épais pour tapis de pied, en fils de lin ou de chanvre teints, de moins de 8 fils aux cinq millimètres	Idem.	100 kil.N.B.	2 juillet 1836.	45. 00	49. 50		
Châles de cachemire (118) {fabriqués aux fuseaux dans les pays hors d'Europe, {de grande dimension, dits 5/4 et 6/4, longs ou carrés	Idem.	La pièce.	2 juillet 1836.	150 francs.			
{de toute autre dimension	Idem.	La pièce.	2 juillet 1836.	80 francs.			
{autres	Idem.		10 brum. an 5, 7 juin 1820.	Prohibés.			
Tissus de cachemire autres les châles	Idem.			Prohibés.		28 avril 1816.	1. 50 les 100 k.B.
Couvertures ou tapis*	Idem.	100 kil.N.B.	28 avril 1816.	50. 00	55. 00		
Bonneterie* {de castor	Idem.	100 kil.N.B.	28 avril 1816.	400. 00	417. 50		
{d'autres poils	Idem.	100 kil.N.B.	28 avril 1816.	200. 00	212. 50		
tous autres sans exception	Idem.	100 kil.B.	10 brum. an 5.	Prohibés.			
Étoffes.. {pures... {unies... {Foulards {en écru {de l'Inde	Idem.	1 kil.N.N.	2 juillet 1836.	6. 00	8. 00		
{d'ailleurs	Idem.	1 kil.N.N.	2 juillet 1836.	7. 00		28 avril 1816.	0. 02
{imprimés {de l'Inde	Idem.	1 kil.N.N.	2 juillet 1836.	12. 00	15. 00		
{d'ailleurs	Idem.	1 kil.N.N.	2 juillet 1836.	14. 00			
{autres	Idem.	1 kil.N.N.	28 avril 1816.	16. 00	17. 60		
{façonnées {autres	Idem.	1 kil.N.N.	28 avril 1816.	19. 00	20. 90		
{brochées {de soie	Idem.	1 kil.N.N.	28 avril 1816.				
{d'or ou d'argent {fin	Idem.	1 kil.N.N.	28 avril 1816.	31. 00	34. 10	2 juillet 1836.	0. 05
{faux	Idem.	1 kil.N.	15 mars 1791.	Prohibées.		27 mars 1817.	0. 04
{mêlées de fil {sans autre mélange	Idem.	1 kil.N.N.	28 avril 1816.	13. 00	14. 30	28 avril 1816.	0. 02
{et d'or ou d'argent. {fin	Idem.	1 kil.N.N.	28 avril 1816.	17. 00	18. 70	2 juillet 1836.	0. 05
{faux	Idem.	1 kil.N.	15 mars 1791.	Prohibées.		27 mars 1817.	0. 04
Couvertures	Idem.	100 kil.N.N.	15 mars 1791.	204. 00	216. 70		
Tapis, même mêlés de fil	Idem.	100 kil.N.N.	15 mars 1791.	306. 00	323. 50	28 avril 1816.	2. 00 les 100 kil.
Gaze... {de soie pure	Idem.	1 kil.N.N.	28 avril 1816.	31. 00	34. 10		
{mêlée de fil	Idem.	1 kil.N.N.	28 avril 1816.	17. 00	18. 70		
{mêlée d'or ou d'argent {fin	Idem.	1 kil.N.N.	28 avril 1816.	62. 00	67. 60	2 juillet 1836.	0. 05
{faux	Idem.	1 kil.N.	15 mars 1791.	Prohibée.		27 mars 1817.	0. 04

Left margin labels: Suite des Tissus de lin ou de chanvre* — Tissus de poil — Tissus de soie* (119)

6.

DÉNOMINATION DES MARCHANDISES.	CLASSES du TARIF.	UNITÉS sur lesquelles portent les droits.	ENTRÉE.			SORTIE.	
			TITRES de perception.	DROITS par navires français.	par navires étrangers et par terre.	TITRES de perception.	DROITS.
				fr. c.	fr. c.		fr. c.
Suite des TISSUS de soie * (119) — Crêpe.............	Tissus.	1 kil. N. N.	27 mars 1817.	34. 00	37. 40	28 avril 1816.	0. 02
Tulle...............	Idem.	1 kil. N.	10 mars 1809.	Prohibé.			
Dentelles — de soie, dites *blondes*...............	Idem.	La valeur.	17 déc. 1814.	15 p. 0/0.		28 avril 1816.	1/4 p. 0/0
d'or fin...............	Idem.	1 kil. N. N.	28 avril 1816.	200. 00	212. 50	2 juillet 1836.	0. 05
d'argent fin...............	Idem.	1 kil. N. N.	28 avril 1816.	100. 00	107. 50		
d'or ou d'argent faux...............	Idem.	1 kil. N. N.	28 avril 1816.	25. 00	27. 50	27 mars 1817.	0. 04
Bonneterie...............	Idem.	100 kil. N. N.	28 avril 1816.	1200. 00	1317. 50	28 avril 1816.	2. 00
Passementerie — d'or ou d'argent — fin............	Idem.	1 kil. N. N.	28 avril 1816.	30. 00	33. 00	2 juillet 1836.	0. 05
faux............	Idem.	1 kil. N. N.	28 avril 1816.	3. 00	3. 30	27 mars 1817.	0. 04
de soie.. — pure............	Idem.	1 kil. N. N.	28 avril 1816.	16. 00	17. 60	28 avril 1816.	0. 02
mêlée... d'or ou d'argent — fin............	Idem.	1 kil. N. N.	28 avril 1816.	25. 00	27. 50	2 juillet 1836.	0. 05
faux.........	Idem.	1 kil. N. N.	28 avril 1816.	8. 00	8. 80	27 mars 1817.	0. 04
d'autres matières.........	Idem.	1 kil. N. N.	28 avril 1816.	8. 00	8. 80	28 avril 1816.	2. 00
Rubans même de velours...............	Idem.	100 kil. N. N.	28 avril 1816.	800. 00	817. 50		les 100 kil.
Tissus en feuilles, *de paille, d'écorce, de sparte, etc.* *...............	Ouvrages en mat. div.	Le mètre carré.	7 juin 1820.	45 centimes.		V. la note (120)	0. 01
TOILE à blutoir. V. Tissus de laine.							
—— cirée. V. Tissus de lin, de chanvre ou de coton, selon l'espèce.							
—— métallique. V. Outils.							
—— à tamis. V. Tissus de crin.							
TÔLE. V. Fer.							
TORTUES...............	Anim. vivants.	La valeur.	27 mars 1817.	2 p. 0/0.		28 avril 1816.	1/4 p. 0/0
—— (*écailles de*). V. Écailles.							
TOURBES...............	Produits et déchets divers.	100 kil. B. B.	28 avril 1816.	0. 10	0. 10	28 avril 1816.	0. 01
TOURNESOL en pâte. V. Orseille.							
TOURTEAUX *de graines oléagineuses*...............	Produits et déchets divers.	100 kil. B. B.	28 avril 1816.	0. 50	0. 50	17 mai 1826.	0. 25
TRESSES de bois blanc, de paille, d'écorce, de sparte. V. Nattes.							
TRIANGLES. V. Instruments de musique.							
TRIPOLI. V. Pierres et terres servant aux arts et métiers.							
TROMPES, trompettes et trombones. V. Instruments de musique.							
TRUFFES * — fraîches ou marinées.........	Produits et déchets divers.	100 kil. N. B.	28 avril 1816.	74. 00	80. 20	28 avril 1816.	0. 25
sèches...............	Idem.	100 kil. N. B.	28 avril 1816.	44. 00	45. 10		
TUILES. V. Matériaux.							
TULLE. V. Tissus, selon l'espèce.							
TUTHIE ou Caduie (*oxide de zinc gris*). V. Oxides.							
TYMPANONS. V. Instruments de musique.							
VACHES...............	Anim. vivants.	Par tête.	27 juillet 1822, 17 mai 1826.	25 francs.		17 mai 1826.	0. 50

DÉNOMINATION DES MARCHANDISES.	CLASSES du TARIF.	UNITÉS sur lesquelles portent les droits.	ENTRÉE. TITRES de perception.	DROITS. par navires français.	par navires étrangers et par terre.	SORTIE. TITRES de perception.	DROITS.
				fr. c.	fr. c.		fr. c.
VANILLE * ..... { des pays situés à l'ouest du cap Horn	Denr. col. de consommation.	1 kil. N. B.	2 juillet 1836.	2. 50	5. 50	28 avril 1816.	0. 25 les 100 kil.
{ d'ailleurs	Idem.	1 kil. N. B.	27 mars 1817.	5. 00			
VANNERIE à dénommer, en quelque végétal que ce soit * ..... { brut	Ouvrages en mat. diverses.	100 kil. B. B.	27 mars 1817.	15. 00	16. 50		
{ pelé	Idem.	100 kil. B. B.	27 mars 1817.	25. 00	27. 50	28 avril 1816.	0. 25
{ coupé	Idem.	100 kil. B. B.	27 mars 1817.	35. 00	38. 50		
VEAUX	Anim. vivants	Par tête.	27 juillet 1822.	3 francs.		27 juillet 1822.	0. 50
VÉGÉTAUX filamenteux. — V. Filaments.							
VÉLIN. V. Peaux préparées.							
VERDET cristallisé (acétate de cuivre). V. Sels. — Acétates.							
VERJUS. V. Boissons fermentées.							
VERMEIL *	Couleurs.	100 kil. N. B.	28 avril 1816.	41. 00	45. 10	27 mars 1817.	2. 00
——— (orfévrerie de). V. Orfévrerie.							
VERMILLON (sulfure de mercure). V. Sulfures.							
VERNIS de toute sorte *	Couleurs.	100 kil. N. B.	28 avril 1816.	83. 00	88. 60	2 juillet 1836.	0. 25
VERRE cassé. V. Groisil.							
VERRERIE. V. Verres et Cristaux.							
VERRES à lunette ou à cadran. V. Verres et cristaux.							
VERRES et cristaux. { Miroirs, * { grands, { de plus de 3 millim. d'épaisseur	Vitrifications.	Valeur fixée par le tarif de la manufacture royale. Les 2 tiers de ladite valeur.	27 mars 1817.	15 p. 0/0.		28 avril 1816.	1/4 p. 0/0
{ de 3 millim. ou moins d'épaisseur	Idem.						
{ petits, sans distinction d'épaisseur	Idem.	100 kil. N. B.	27 mars 1817.	100. 00	107. 50	28 avril 1816.	0. 25
Verres à lunette ou à cadran, { bruts	Idem.	100 kil. B. B.	27 mars 1817.	10. 00	11. 00		
{ taillés et polis *	Idem.	100 kil. N. B.	28 avril 1816.	200. 00	212. 50	2 juillet 1836.	0. 25
Bouteilles { pleines (outre le droit des liquides)	Idem.	Le litre de contenance.	28 avril 1816.	15 centimes.		28 avril 1816.	0. 01
{ vides	Idem.	100 kil. B.	10 brum. an 5.	Prohibées.		2 juillet 1836.	0. 25
Verrerie, de toute autre sorte que celle ci-dessus							
Vitrifications * { en masses ou en tubes à tailler	Idem.	1 kil. N. B.	2 juillet 1836.	3. 00	3. 30	28 avril 1816	0. 01
en grains percés, { pour broderies ou tricots.	Idem.	1 kil. N. B.	2 juillet 1836.	2. 00	2. 20	28 avril 1816.	0. 02
{ pour chapelets ou colliers.	Idem.	1 kil. N. B.	2 juillet 1836.	1. 00	1. 10	31 juillet 1810.	0. 01
taillées en pierres à bijoux	Idem.	1 kil. N. B.	2 juillet 1836.	6. 00	6. 60	28 avril 1816.	0. 02
Émail	Idem.	1 kil. N. B.	28 avril 1816.	2. 00	2. 20	28 avril 1816.	0. 25 les 100 kil.
VERT de gris (acétate de cuivre). V. Sels. — Acétates.							
VERT de montagne (carbonate de cuivre) *	Couleurs.	100 kil. B. B.	28 avril 1816.	31. 00	34. 10	27 mars 1817.	2. 00
VERT de Schwinfurt. V. Cendres bleues ou vertes.							
VESCE (graines de) ou Jarosse .. { des pays de production	Farineux alimentaires.	l'hectolitre.	7 juin 1820.	0. 25	1. 25	28 avril 1816.	0. 25 les 100 k. B
{ d'ailleurs	Idem.	l'hectolitre.	7 juin 1820.	1. 25			
VESSIES de cerf et autres	Substances prop. à la méd. et à la parfum.	100 kil. B. B.	28 avril 1816.	13. 00	14. 30	28 avril 1816.	0. 25
VÊTEMENTS neufs. V. Effets à usage.							
VIANDES .... { fraiches ..... { de boucherie	Dépouilles d'animaux.	100 kil. B. B.	17 mai 1826.	18. 00	19. 80	30 avril 1806.	3. 00
{ de gibier et volailles	Idem.	100 kil. B. B.	28 avril 1816.	0. 50	0. 50		
salées * ..... { de porc, lard compris	Idem.	100 kil. B. B.	17 mai 1826.	33. 00	36. 30	17 déc. 1814. 28 avril 1816.	0. 25
{ autres	Idem.	100 kil. B. B.	17 mai 1826.	30. 00	33. 00		
Extrait de) en pains *	Idem.	1 kil. N. B.	21 avril 1818.	1. 00	1. 10	28 avril 1816.	0. 25 les 100 kil.

DÉNOMINATION DES MARCHANDISES.	CLASSES du TARIF.	UNITÉS sur lesquelles portent les droits.	ENTRÉE.			SORTIE.	
			TITRES de perception.	DROITS		TITRES de perception.	DROITS.
				par navires français.	par navires étrangers et par terre.		
Vielles. V. Instruments de musique.							
Vif argent. V. Mercure.							
Vinaigres. V. Boissons fermentées ou parfumeries, selon l'espèce.							
Vins. V. Boissons fermentées.							
Violes et Violons. V. Instruments de musique.							fr. c.
Vipères...	Substances prop. à la méd. et à la parfum.	Le 100 en nombre.	15 mars 1791.	10 francs.		28 avril 1816.	1. 00
Vitrifications. V. Verres et cristaux.							
Vitriol (huile et esprit de). V. Acide sulfurique.							
Voiles de navire. V. Embarcations.							
Voitures... { à ressort, garnies ou peintes (121)...............	Ouvrages en mat. diverses.	La valeur.	10 brum. an 5.	Prohibées.		28 avril 1816.	1/4 p. 0/0
{ à échelle, chariots, tombereaux, etc..............	Idem.	La valeur.	15 mars 1791.	15 p. 0/0.			
Volailles vivantes..	Anim. vivants.	La valeur.	27 mars 1817.	2 p. 0/0.		28 avril 1816.	1/4 p. 0/0
———— mortes. V. Viandes.				fr. c.	fr. c.		
Yeux d'écrevisse...	Substances prop. à la méd. et à la parfum.	100 kil. B. B.	28 avril 1816.	17. 00	18. 70	28 avril 1816.	0. 95
Zinc....... { Pierres calaminaires (minerai)..................	Métaux.	100 kil. B. B.	28 avril 1816.	0. 10	0. 10	28 avril 1816.	2. 00
Calamine grillée (pulvérisée ou non)...............	Idem.	100 kil. B. B.	28 avril 1816.	0. 10	0. 10	28 avril 1816.	1. 00
de première fusion, en masses brutes, soit saumons, barres ou plaques................................	Idem.	100 kil. B. B.	2 juillet 1836.	0. 10	0. 10	28 avril 1816.	0. 50
laminé *.......................................	Idem.	100 kil. N. B.	28 avril 1816.	50. 00	55. 00	28 avril 1816.	0. 25
ouvré...	Ouvrages en matières div.	100 kil. B.	10 brum. an 5.	Prohibé.		28 avril 1816.	0. 25
Limailles (122).................................	Métaux.	100 kil. B. B.	28 avril 1816.	0. 10	0. 10	28 avril 1816, 2 juillet 1836.	0. 50

oTA. Il a paru inutile de multiplier, plus qu'on ne l'a fait dans le présent tableau, les exemples relatifs à la manière de procéder pour connaître la quotité des ts à percevoir sur les céréales. On doit, quand les prix régulateurs sont au-dessus ou au-dessous de ceux indiqués dans la première colonne, continuer sans ruption et en suivant les mêmes gradations, l'échelle ascendante ou descendante, suivant le cas, jusqu'à ce qu'on arrive au prix régulateur déterminé par la curiale du mois.

DÉNOMINATION DES CÉRÉALES.	CLASSES du TARIF.	UNITÉS sur lesquelles portent les droits.	ENTRÉE. TITRES de perception.	ENTRÉE. DROITS par navires français et par terre.	ENTRÉE. DROITS par navires étrangers.	SORTIE. TITRES de perception.	SORTIE. DROITS.
				fr. c.	fr. c.		Le droit ci-dessous sera augmenté de 2f par chaque franc de hausse. fr. c.
au-dessus de 28 francs............	Farineux alimentaires.	Hectolitre.	15 avril 1832, 26 avril 1833.	0. 25	0. 25	15 avril 1832, 26 avril 1833.	
de 28f à 27f 01c inclusivement.......	Idem.	Idem.	Idem.	0. 25	1. 50	Idem.	6. 00
de 27 à 26 01 idem..............	Idem.	Idem.	Idem.	0. 25	1. 50	Idem.	4. 00
1re classe..... de 26 à 25 01 idem.......	Idem.	Idem.	Idem.	1. 25	2. 50	Idem.	2. 00
de 25 à 24 01 idem............	Idem.	Idem.	Idem.	2. 25	3. 50	Idem.	
de 24 à 23 01 idem............	Idem.	Idem.	Idem.	3. 25	4. 50	Idem.	0. 25
de 23 à 22 01 idem.......	Idem.	Idem.	Idem.	4. 75	6. 00	Idem.	
au-dessous de 22f 01c............	Idem.	Idem.	Idem.	Les droits ci-dessus seront augmentés de 1f 50c par chaque fr. de baisse.		Idem.	Le droit ci-dessous sera augmenté de 2f par chaque franc de hausse.
au-dessus de 26 francs............	Idem.	Idem.	Idem.	0. 25	0. 25	Idem.	
de 26f à 25f 01c inclusivement.......	Idem.	Idem.	Idem.	0. 25	1. 50	Idem.	6. 00
de 25 à 24 01 idem.......	Idem.	Idem.	Idem.	0. 25	1. 50	Idem.	4. 00
2e classe..... de 24 à 23 01 idem.......	Idem.	Idem.	Idem.	1. 25	2. 50	Idem.	2. 00
de 23 à 22 01 idem.......	Idem.	Idem.	Idem.	2. 25	3. 50	Idem.	
de 22 à 21 01 idem.......	Idem.	Idem.	Idem.	3. 25	4. 50	Idem.	
de 21 à 20 01 idem.......	Idem.	Idem.	Idem.	4. 75	6. 00	Idem.	0. 25
au-dessous de 20f 01c.......	Idem.	Idem.	Idem.	Les droits ci-dessus seront augmentés de 1f 50c par chaque fr. de baisse.		Idem.	Le droit ci-dessous sera augmenté de 2f par chaque franc de hausse.
au-dessus de 24 francs.......	Idem.	Idem.	Idem.	0. 25	0. 25	Idem.	
de 24f à 23f 01c inclusivement.......	Idem.	Idem.	Idem.	0. 25	1. 50	Idem.	6. 00
de 23 à 22 01 idem.......	Idem.	Idem.	Idem.	0. 25	1. 50	Idem.	4. 00
3e classe..... de 22 à 21 01 idem.......	Idem.	Idem.	Idem.	1. 25	2. 50	Idem.	2. 00
de 21 à 20 01 idem.......	Idem.	Idem.	Idem.	2. 25	3. 50	Idem.	
de 20 à 19 01 idem.......	Idem.	Idem.	Idem.	3. 25	4. 50	Idem.	
de 19 à 18 01 idem.......	Idem.	Idem.	Idem.	4. 75	6. 00	Idem.	0. 25
au-dessous de 18f 01c............	Idem.	Idem.	Idem.	Les droits ci-dessus seront augmentés de 1f 50c par chaque fr. de baisse.		Idem.	Le droit ci-dessous sera augmenté de 2f par chaque franc de hausse.
au-dessus de 22 francs............	Idem.	Idem.	Idem.	0. 25	0. 25	Idem.	
de 22f à 21f 01c inclusivement.......	Idem.	Idem.	Idem.	0. 25	1. 50	Idem.	6. 00
de 21 à 20 01 idem.......	Idem.	Idem.	Idem.	0. 25	1. 50	Idem.	4. 00
4e classe..... de 20 à 19 01 idem.......	Idem.	Idem.	Idem.	1. 25	2. 50	Idem.	2. 00
de 19 à 18 01 idem.......	Idem.	Idem.	Idem.	2. 25	3. 50	Idem.	
de 18 à 17 01 idem.......	Idem.	Idem.	Idem.	3. 25	4. 50	Idem.	
de 17 à 16 01 idem.......	Idem.	Idem.	Idem.	4. 75	6. 00	Idem.	0. 25
au-dessous de 16f 01c............	Idem.	Idem.	Idem.	Les droits ci-dessus seront augmentés de 1f 50c par chaque fr. de baisse.		Idem.	

FROMENT, épeautre et méteil, rsque le prix e l'hectolitre de froment sera dans la

DÉNOMINATION DES CÉRÉALES.	CLASSES du TARIF.	UNITÉS sur lesquelles portent les droits.	ENTRÉE. TITRES de perception.	DROITS. par navires français et par terre.	par navires étrangers.	SORTIE. TITRES de perception.	DROITS.
				fr. c.	fr. c.		Le droit ci-dessous sera augmenté de 4f par chaque fr. de hausse
1re classe — au-dessus de 28 francs............	Farineux alimentaires.	100 kilo.	15 avril 1832, 26 avril 1833.	0.50	0.50	15 avril 1832, 26 avril 1833.	
de 28f à 27f 01c inclusivement.......	Idem.	Idem.	Idem.	0.50	2.16	Idem.	fr. c. 12.00
de 27 à 26 01 idem..............	Idem.	Idem.	Idem.	0.50	2.16	Idem.	8.00
de 26 à 25 01 idem..............	Idem.	Idem.	Idem.	3.50	5.16	Idem.	4.00
de 25 à 24 01 idem..............	Idem.	Idem.	Idem.	6.50	8.16	Idem.	
de 24 à 23 01 idem..............	Idem.	Idem.	Idem.	9.50	11.16	Idem.	
de 23 à 22 01 idem..............	Idem.	Idem.	Idem.	14.00	15.66	Idem.	0.50
au-dessous de 22f 01c........	Idem.	Idem.	Idem.	Les droits ci-dessus seront augmentés de 4f 50c par chaque fr. de baisse.		Idem.	
2e classe — au-dessus de 26 francs.............	Idem.	Idem.	Idem.	0.50	0.50	Idem.	Le droit ci-dessous sera augmenté de 4f par chaque fr. de hausse
de 26f à 25f 01c inclusivement.......	Idem.	Idem.	Idem.	0.50	2.16	Idem.	12.00
de 25 à 24 01 idem..............	Idem.	Idem.	Idem.	0.50	2.16	Idem.	8.00
de 24 à 23 01 idem..............	Idem.	Idem.	Idem.	3.50	5.16	Idem.	4.00
de 23 à 22 01 idem..............	Idem.	Idem.	Idem.	6.50	8.16	Idem.	
de 22 à 21 01 idem..............	Idem.	Idem.	Idem.	9.50	11.16	Idem.	
de 21 à 20 01 idem..............	Idem.	Idem.	Idem.	14.00	15.66	Idem.	0.50
au-dessous de 20f 01c........	Idem.	Idem.	Idem.	Les droits ci-dessus seront augmentés de 4f 50c par chaque fr. de baisse.		Idem.	
3e classe — au-dessus de 24 francs.............	Idem.	Idem.	Idem.	0.50	0.50	Idem.	Le droit ci-dessous sera augmenté de 4f par chaque fr. de hausse
de 24f à 23f 01c inclusivement.......	Idem.	Idem.	Idem.	0.50	2.16	Idem.	12.00
de 23 à 22 01 idem..............	Idem.	Idem.	Idem.	0.50	2.16	Idem.	8.00
de 22 à 21 01 idem..............	Idem.	Idem.	Idem.	3.50	5.16	Idem.	4.00
de 21 à 20 01 idem..............	Idem.	Idem.	Idem.	6.50	8.16	Idem.	
de 20 à 19 01 idem..............	Idem.	Idem.	Idem.	9.50	11.16	Idem.	
de 19 à 18 01 idem..............	Idem.	Idem.	Idem.	14.00	15.66	Idem.	0.50
au-dessous de 18f 01c........	Idem.	Idem.	Idem.	Les droits ci-dessus seront augmentés de 4f 50c par chaque fr. de baisse.		Idem.	
4e classe — au-dessus de 22 francs.............	Idem.	Idem.	Idem.	0.50	0.50	Idem.	Le droit ci-dessous sera augmenté de 4f par chaque fr. de hausse
de 22f à 21f 01c inclusivement.......	Idem.	Idem.	Idem.	0.50	2.16	Idem.	12.00
de 21 à 20 01 idem..............	Idem.	Idem.	Idem.	0.50	2.16	Idem.	8.00
de 20 à 19 01 idem..............	Idem.	Idem.	Idem.	3.50	5.16	Idem.	4.00
de 19 à 18 01 idem..............	Idem.	Idem.	Idem.	6.50	8.16	Idem.	
de 18 à 17 01 idem..............	Idem.	Idem.	Idem.	9.50	11.16	Idem.	
de 17 à 16 01 idem..............	Idem.	Idem.	Idem.	14.00	15.66	Idem.	0.50
au-dessous de 16f 01c........	Idem.	Idem.	Idem.	Les droits ci-dessus seront augmentés de 4f 50c par chaque fr. de baisse.		Idem.	

FARINES de froment, d'épeautre et de méteil, lorsque le prix de l'hectolitre de froment sera dans la

DÉNOMINATION DES CÉRÉALES.	CLASSES du TARIF.	UNITÉS sur lesquelles portent les droits.	ENTRÉE.			SORTIE.	
			TITRES de perception.	DROITS.		TITRES de perception.	DROITS.
				par navires français et par terre.	par navires étrangers.		
				fr. c.	fr. c.		Le droit ci-dessous sera augmenté de 1f 20c par chaque fr. de hausse.
au-dessus de 28 francs............	Farineux alimentaires.	Hectolitre.	15 avril 1832, 26 avril 1833.	0. 15	0. 15	15 avril 1832, 26 avril 1833.	
							fr. c.
de 28f à 27f 01c inclusivement.......	Idem.	Idem.	Idem.	0. 15	1. 40	Idem.	3. 60
de 27 à 26 01 idem............	Idem.	Idem.	Idem.	0. 15	1. 40	Idem.	2. 40
1re classe..... de 26 à 25 01 idem............	Idem.	Idem.	Idem.	0. 75	2. 00	Idem.	1. 20
de 25 à 24 01 idem............	Idem.	Idem.	Idem.	1. 35	2. 60	Idem.	
de 24 à 23 01 idem............	Idem.	Idem.	Idem.	1. 95	3. 20	Idem.	
de 23 à 22 01 idem............	Idem.	Idem.	Idem.	2. 85	4. 10	Idem.	0. 15
au-dessous de 22f 01c............	Idem.	Idem.	Idem.	(Les droits ci-dessus seront augmentés de 90c par chaque fr. de baisse)		Idem.	
au-dessus de 26 francs............	Idem.	Idem.	Idem.	0. 15	0. 15	Idem.	Le droit ci-dessous sera augmenté de 1f 20c par chaque fr. de hausse.
de 26f à 25f 01c inclusivement.......	Idem.	Idem.	Idem.	0. 15	1. 40	Idem.	3. 60
de 25 à 24 01 idem............	Idem.	Idem.	Idem.	0. 15	1. 40	Idem.	2. 40
2e classe..... de 24 à 23 01 idem............	Idem.	Idem.	Idem.	0. 75	2. 00	Idem.	1. 20
de 23 à 22 01 idem............	Idem.	Idem.	Idem.	1. 35	2. 60	Idem.	
de 22 à 21 01 idem............	Idem.	Idem.	Idem.	1. 95	3. 20	Idem.	
de 21 à 20 01 idem............	Idem.	Idem.	Idem.	2. 85	4. 10	Idem.	0. 15
au-dessous de 20f 01c............	Idem.	Idem.	Idem.	(Les droits ci-dessus seront augmentés de 90c par chaque fr. de baisse)		Idem.	
au-dessus de 24 francs............	Idem.	Idem.	Idem.	0. 15	0. 15	Idem.	Le droit ci-dessous sera augmenté de 1f 20c par chaque fr. de hausse.
de 24f à 23f 01c inclusivement.......	Idem.	Idem.	Idem.	0. 15	1. 40	Idem.	3. 60
de 23 à 22 01 idem............	Idem.	Idem.	Idem.	0. 15	1. 40	Idem.	2. 40
3e classe..... de 22 à 21 01 idem............	Idem.	Idem.	Idem.	0. 75	2. 00	Idem.	1. 20
de 21 à 20 01 idem............	Idem.	Idem.	Idem.	1. 35	2. 60	Idem.	
de 20 à 19 01 idem............	Idem.	Idem.	Idem.	1. 95	3. 20	Idem.	
de 19 à 18 01 idem............	Idem.	Idem.	Idem.	2. 85	4. 10	Idem.	0. 15
au-dessous de 18f 01c............	Idem.	Idem.	Idem.	(Les droits ci-dessus seront augmentés de 90c par chaque fr. de baisse)		Idem.	
au-dessus de 22 francs............	Idem.	Idem.	Idem.	0. 15	0. 15	Idem.	Le droit ci-dessous sera augmenté de 1f 20c par chaque fr. de hausse.
de 22f à 21f 01c inclusivement.......	Idem.	Idem.	Idem.	0. 15	1. 40	Idem.	3. 60
de 21 à 20 01 idem............	Idem.	Idem.	Idem.	0. 15	1. 40	Idem.	2. 40
4e classe..... de 20 à 19 01 idem............	Idem.	Idem.	Idem.	0. 75	2. 00	Idem.	1. 20
de 19 à 18 01 idem............	Idem.	Idem.	Idem.	1. 35	2. 60	Idem.	
de 18 à 17 01 idem............	Idem.	Idem.	Idem.	1. 95	3. 20	Idem.	
de 17 à 16 01 idem............	Idem.	Idem.	Idem.	2. 85	4. 10	Idem.	0. 15
au-dessous de 16f 01c............	Idem.	Idem.	Idem.	(Les droits ci-dessus seront augmentés de 90c par chaque fr. de baisse)		Idem.	

SEIGLE, lorsque le prix de l'hectolitre de froment sera dans la

7

CÉRÉALES.

DÉNOMINATION DES CÉRÉALES.	CLASSES du TARIF.	UNITÉS sur lesquelles portent les droits.	ENTRÉE. TITRES de perception.	ENTRÉE. DROITS par navires français et par terre.	par navires étrangers.	SORTIE. TITRES de perception.	DROITS.
				fr. c.	fr. c.		Le droit ci-dessous sera augmenté de 2 fr. 60 c. par chaque franc de hausse. fr. c.
1re classe... au-dessus de 28 francs.........	Farineux alimentaires.	100 kil.	15 avril 1832, 26 avril 1833.	0. 32 1/2	0. 32 1/2	15 avril 1832, 26 avril 1833.	
de 28f à 27f 01c inclusivement...	Idem.	Idem.	Idem.	0. 32 1/2	1. 98 1/2	Idem.	7. 80
de 27 à 26 01 idem.........	Idem.	Idem.	Idem.	0. 32 1/2	1. 98 1/2	Idem.	5. 20
de 26 à 25 01 idem.........	Idem.	Idem.	Idem.	2. 27 1/2	3. 93 1/2	Idem.	2. 60
de 25 à 24 01 idem.........	Idem.	Idem.	Idem.	4. 22 1/2	5. 88 1/2	Idem.	
de 24 à 23 01 idem.........	Idem.	Idem.	Idem.	6. 17 1/2	7. 83 1/2	Idem.	
de 23 à 22 01 idem.........	Idem.	Idem.	Idem.	9. 10	10. 76	Idem.	} 0. 32 1/2
au-dessous de 22f 01c.........	Idem.	Idem.	Idem.	(Les droits ci-dessus seront augmentés de 2 fr. 92 c. 1/2 par chaque franc de baisse.)		Idem.	
2e classe... au-dessus de 26 francs.........	Idem.	Idem.	Idem.	0. 32 1/2	0. 32 1/2	Idem.	Le droit ci-dessous sera augmenté de 2 fr. 60 c. par chaque franc de hausse.
de 26f à 25f 01c inclusivement...	Idem.	Idem.	Idem.	0. 32 1/2	1. 98 1/2	Idem.	7. 80
de 25 à 24 01 idem.........	Idem.	Idem.	Idem.	0. 32 1/2	1. 98 1/2	Idem.	5. 20
de 24 à 23 01 idem.........	Idem.	Idem.	Idem.	2. 27 1/2	3. 93 1/2	Idem.	2. 60
de 23 à 22 01 idem.........	Idem.	Idem.	Idem.	4. 22 1/2	5. 88 1/2	Idem.	
de 22 à 21 01 idem.........	Idem.	Idem.	Idem.	6. 17 1/2	7. 83 1/2	Idem.	
de 21 à 20 01 idem.........	Idem.	Idem.	Idem.	9. 10	10. 76	Idem.	} 0. 32 1/2
au-dessous de 20f 01c.........	Idem.	Idem.	Idem.	(Les droits ci-dessus seront augmentés de 2 fr. 92 c. 1/2 par chaque franc de baisse.)		Idem.	
3e classe... au-dessus de 24 francs.........	Idem.	Idem.	Idem.	0. 32 1/2	0. 32 1/2	Idem.	Le droit ci-dessous sera augmenté de 2 fr. 60 c. par chaque franc de hausse.
de 24f à 23f 01c inclusivement....	Idem.	Idem.	Idem.	0. 32 1/2	1. 98 1/2	Idem.	7. 80
de 23 à 22 01 idem.........	Idem.	Idem.	Idem.	0. 32 1/2	1. 98 1/2	Idem.	5. 20
de 22 à 21 01 idem.........	Idem.	Idem.	Idem.	2. 27 1/2	3. 93 1/2	Idem.	2. 60
de 21 à 20 01 idem.........	Idem.	Idem.	Idem.	4. 22 1/2	5. 88 1/2	Idem.	
de 20 à 19 01 idem.........	Idem.	Idem.	Idem.	6. 17 1/2	7. 83 1/2	Idem.	
de 19 à 18 01 idem.........	Idem.	Idem.	Idem.	9. 10	10. 76	Idem.	} 0. 32 1/2
au-dessous de 18f 01c.........	Idem.	Idem.	Idem.	(Les droits ci-dessus seront augmentés de 2 fr. 92 c. 1/2 par chaque franc de baisse.)		Idem.	
4e classe... au-dessus de 22 francs.........	Idem.	Idem.	Idem.	0. 32 1/2	0. 32 1/2	Idem.	Le droit ci-dessous sera augmenté de 2 fr. 60 c. par chaque franc de hausse.
de 22f à 21f 01c inclusivement...	Idem.	Idem.	Idem.	0. 32 1/2	1. 98 1/2	Idem.	7. 80
de 21 à 20 01 idem.........	Idem.	Idem.	Idem.	0. 32 1/2	1. 98 1/2	Idem.	5. 20
de 20 à 19 01 idem.........	Idem.	Idem.	Idem.	2. 27 1/2	3. 93 1/2	Idem.	2. 60
de 19 à 18 01 idem.........	Idem.	Idem.	Idem.	4. 22 1/2	5. 88 1/2	Idem.	
de 18 à 17 01 idem.........	Idem.	Idem.	Idem.	6. 17 1/2	7. 83 1/2	Idem.	
de 17 à 16 01 idem.........	Idem.	Idem.	Idem.	9. 10	10. 76	Idem.	} 0. 32 1/2
au-dessous de 16f 01c.........	Idem.	Idem.	Idem.	(Les droits ci-dessus seront augmentés de 2 fr. 92 c. 1/2 par chaque franc de baisse.)		Idem.	

FARINE de seigle, lorsque le prix de l'hectolitre de froment sera dans la

DÉNOMINATION DES CÉRÉALES.	CLASSES du TARIF.	UNITÉS sur lesquelles portent les droits.	ENTRÉE. TITRES de perception.	par navires français et par terre.	par navires étrangers.	SORTIE. TITRES de perception.	DROITS.
				fr. c.	fr. c.		fr. c.
au-dessus de 28 francs.........	Farineux alimentaires.	Hectolitre.	15 avril 1832, 26 avril 1833.	0. 13 3/4	0. 13 3/4	15 avril 1832, 26 avril 1833.	Le droit ci-dessous sera augmenté de 1 fr. 10 c. par chaque franc de hausse.
1re classe... de 28f à 27f 01c inclusivement....	Idem.	Idem.	Idem.	0. 13 3/4	1. 38 3/4	Idem.	3. 30
de 27 à 26 01 idem..........	Idem.	Idem.	Idem.	0. 13 3/4	1. 38 3/4	Idem.	2. 20
de 26 à 25 01 idem..........	Idem.	Idem.	Idem.	0. 68 3/4	1. 93 3/4	Idem.	1. 10
de 25 à 24 01 idem..........	Idem.	Idem.	Idem.	1. 23 3/4	2. 48 3/4	Idem.	
de 24 à 23 01 idem..........	Idem.	Idem.	Idem.	1. 78 3/4	3. 03 3/4	Idem.	
de 23 à 22 01 idem..........	Idem.	Idem.	Idem.	2. 61 1/4	3. 86 1/4	Idem.	0. 13 3/4
au-dessous de 22f 01c..........	Idem.	Idem.	Idem.	(Les droits ci-dessus seront augmentés de 82 c. 1/2 par chaque fr. de baisse.)		Idem.	
au-dessus de 26 francs.........	Idem.	Idem.	Idem.	0. 13 3/4	0. 13 3/4	Idem.	Le droit ci-dessous sera augmenté de 1 fr. 10 c. par chaque franc de hausse.
2e classe... de 26f à 25f 01c inclusivement...	Idem.	Idem.	Idem.	0. 13 3/4	1. 38 3/4	Idem.	3. 30
de 25 à 24 01 idem..........	Idem.	Idem.	Idem.	0. 13 3/4	1. 38 3/4	Idem.	2. 20
de 24 à 23 01 idem..........	Idem.	Idem.	Idem.	0. 68 3/4	1. 93 3/4	Idem.	1. 10
de 23 à 22 01 idem..........	Idem.	Idem.	Idem.	1. 23 3/4	2. 48 3/4	Idem.	
de 22 à 21 01 idem..........	Idem.	Idem.	Idem.	1. 78 3/4	3. 03 3/4	Idem.	
de 21 à 20 01 idem..........	Idem.	Idem.	Idem.	2. 61 1/4	3. 86 1/4	Idem.	0. 13 3/4
au-dessous de 20f 01c..........	Idem.	Idem.	Idem.	(Les droits ci-dessus seront augmentés de 82 c. 1/2 par chaque fr. de baisse.)		Idem.	
au dessus de 24 francs...........	Idem.	Idem.	Idem.	0. 13 3/4	0. 13 3/4	Idem.	Le droit ci-dessous sera augmenté de 1 fr. 10 c. par chaque franc de hausse.
3e classe... de 24f à 23f 01c inclusivement ...	Idem.	Idem.	Idem.	0. 13 3/4	1. 38 3/4	Idem.	3. 30
de 23 à 22 01 idem..........	Idem.	Idem.	Idem.	0. 13 3/4	1. 38 3/4	Idem.	2. 20
de 22 à 21 01 idem..........	Idem.	Idem.	Idem.	0. 68 3/4	1. 93 3/4	Idem.	1. 10
de 21 à 20 01 idem	Idem.	Idem.	Idem.	1. 23 3/4	2. 48 3/4	Idem.	
de 20 à 19 01 idem..........	Idem.	Idem.	Idem.	1. 78 3/4	3. 03 3/4	Idem.	
de 19 à 18 01 idem..........	Idem.	Idem.	Idem.	2. 61 1/4	3. 86 1/4	Idem.	0. 13 3/4
au-dessous de 18f 01c..........	Idem.	Idem.	Idem.	(Les droits ci-dessus seront augmentés de 82 c. 1/2 par chaque fr. de baisse.)		Idem.	
au-dessus de 22 francs.........	Idem.	Idem.	Idem.	0. 13 3/4	0. 13 3/4	Idem.	Le droit ci-dessous sera augmenté de 1 fr. 10 c. par chaque franc de hausse.
4e classe... de 22f à 21f 01c inclusivement...	Idem.	Idem.	Idem.	0. 13 3/4	1. 38 3/4	Idem.	3. 30
de 21 à 20 01 idem..........	Idem.	Idem.	Idem.	0. 13 3/4	1. 38 3/4	Idem.	2. 20
de 20 à 19 01 idem..........	Idem.	Idem.	Idem.	0. 68 3/4	1. 93 3/4	Idem.	1. 10
de 19 à 18 01 idem..........	Idem.	Idem.	Idem.	1. 23 3/4	2. 48 3/4	Idem.	
de 18 à 17 01 idem..........	Idem.	Idem.	Idem.	1. 78 3/4	3. 03 3/4	Idem.	
de 17 à 16 01 idem..........	Idem.	Idem.	Idem.	2. 61 1/4	3. 86 1/4	Idem.	0. 13 3/4
au-dessous de 16f 01c..........	Idem.	Idem.	Idem.	(Les droits ci-dessus seront augmentés de 82 c. 1/2 par chaque fr. de baisse.)		Idem.	

MAÏS, lorsque le prix de l'hecto-litre de froment sera dans la....

7.

DÉNOMINATION DES CÉRÉALES.	CLASSES du TARIF.	UNITÉS sur lesquelles portent les droits.	ENTRÉE.			SORTIE.	
			TITRES de perception.	DROITS		TITRES de perception.	DROITS.
				par navires français et par terre.	par navires étrangers.		
				fr. c.	fr. c.		Le droit ci-dessous sera augmenté de 1f par chaque fr. de hausse. fr. c.
au-dessus de 28 francs..............	Farineux alimentaires.	Hectolitre.	15 avril 1832, 26 avril 1833.	0. 12 1/2	0. 12 1/2	15 avril 1832, 26 avril 1833.	
de 28f à 27f 01c inclusivement	Idem.	Idem.	Idem.	0. 12 1/2	1. 37 1/2	Idem.	3. 00
de 27 à 26 01 idem..............	Idem.	Idem.	Idem.	0. 12 1/2	1. 37 1/2	Idem.	2. 00
1re classe.... de 26 à 25 01 idem..............	Idem.	Idem.	Idem.	0. 62 1/2	1. 87 1/2	Idem.	1. 00
de 25 à 24 01 idem..............	Idem.	Idem.	Idem.	1. 12 1/2	2. 37 1/2	Idem.	
de 24 à 23 01 idem..............	Idem.	Idem.	Idem.	1. 62 1/2	2. 87 1/2	Idem.	
de 23 à 22 01 idem..............	Idem.	Idem.	Idem.	2. 37 1/2	3. 62 1/2	Idem.	0. 12 1/2
au-dessous de 22f 01c,..............	Idem.	Idem.	Idem.	Les droits ci-dessus seront augmentés de 75c par chaque fr. de baisse.		Idem.	
au-dessus de 26 francs	Idem.	Idem.	Idem.	0. 12 1/2	0. 12 1/2	Idem.	Le droit ci-dessous sera augmenté de 1f par chaque fr. de hausse
de 26f à 25f 01c inclusivement	Idem.	Idem.	Idem.	0. 12 1/2	1. 37 1/2	Idem.	3. 00
de 25 à 24 01 idem..............	Idem.	Idem.	Idem.	0. 12 1/2	1. 37 1/2	Idem.	2. 00
2e classe..... de 24 à 23 01 idem..............	Idem.	Idem.	Idem.	0. 62 1/2	1. 87 1/2	Idem.	1. 00
de 23 à 22 01 idem..............	Idem.	Idem.	Idem.	1. 12 1/2	2. 37 1/2	Idem.	
de 22 à 21 01 idem..............	Idem.	Idem.	Idem.	1. 62 1/3	2. 87 1/2	Idem.	
de 21 à 20 01 idem..............	Idem.	Idem.	Idem.	2. 37 1/2	3. 62 1/2	Idem.	0. 12 1/2
au-dessous de 20f 01c..............	Idem.	Idem.	Idem.	Les droits ci-dessus seront augmentés de 75c par chaque fr. de baisse.		Idem.	
au-dessus de 24 francs	Idem.	Idem.	Idem.	0. 12 1/2	0. 12 1/2	Idem.	Le droit ci-dessous sera augmenté de 1f par chaque fr. de hausse
de 24f à 23f 01c inclusivement.......	Idem.	Idem.	Idem.	0. 12 1/2	1. 37 1/2	Idem.	3. 00
de 23 à 22 01 idem..............	Idem.	Idem.	Idem.	0. 12 1/2	1. 37 1/2	Idem.	2. 00
3e classe..... de 22 à 21 01 idem..............	Idem.	Idem.	Idem.	0. 62 1/2	1. 87 1/2	Idem.	1. 00
de 21 à 20 01 idem..............	Idem.	Idem.	Idem.	1. 12 1/2	2. 37 1/2	Idem.	
de 20 à 19 01 idem..............	Idem.	Idem.	Idem.	1. 62 1/2	2. 87 1/2	Idem.	
de 19 à 18 01 idem............•....	Idem.	Idem.	Idem.	2. 37 1/2	3. 62 1/2	Idem.	0. 12 1/2
au-dessous de 18f 01c..............	Idem.	Idem.	Idem.	Les droits ci-dessus seront augmentés de 75c par chaque fr. de baisse.		Idem.	
au-dessus de 22 francs	Idem.	Idem.	Idem.	0. 12 1/2	0. 12 1/2	Idem.	Le droit ci-dessous sera augmenté de 1f par chaque fr. de hausse
de 22f à 21f 01c inclusivement	Idem.	Idem.	Idem.	0. 12 1/2	1. 37 1/2	Idem.	3. 00
de 21 à 20 01 idem..............	Idem.	Idem.	Idem.	0. 12 1/2	1. 37 1/2	Idem.	2. 00
4e classe..... de 20 à 19 01 idem..............	Idem.	Idem.	Idem.	0. 62 1/2	1. 87 1/2	Idem.	1. 00
de 19 à 18 01 idem..............	Idem.	Idem.	Idem.	1. 12 1/2	2. 37 1/2	Idem	
de 18 à 17 01 idem..............	Idem.	Idem.	Idem.	1. 62 1/2	2. 87 1/2	Idem.	
de 17 à 16 01 idem..............	Idem.	Idem.	Idem.	2. 37 1/2	3. 62 1/2	Idem.	0. 12 1/2
au-dessous de 16f 01c..............	Idem.	Idem.	Idem.	Les droits ci-dessus seront augmentés de 75c par chaque fr. de baisse.		Idem.	

ORGE, lorsque le prix de l'hectolitre de froment sera dans la

DÉNOMINATION DES CÉRÉALES.	CLASSES du TARIF.	UNITÉS sur lesquelles portent les droits.	ENTRÉE.			SORTIE.	
			TITRES de perception.	DROITS.		TITRES de perception.	DROITS.
				par navires français et par terre.	par navires étrangers.		
				fr. c.	fr. c.		Le droit ci-dessous sera augmenté de 2ᶠ 40ᶜ par chaque fr. de hausse. fr. c.
1ʳᵉ classe							
au-dessus de 28 francs............	Farineux alimentaires.	100 kilog.	15 avril 1832, 26 avril 1833.	0. 30	0. 30	15 avril 1832, 26 avril 1833.	
de 28ᶠ à 27ᶠ 01ᶜ inclusivement........	Idem.	Idem.	Idem.	0. 30	1. 96	Idem.	7. 20.
de 27 à 26 01 idem.............	Idem.	Idem.	Idem.	0. 30	1. 96	Idem.	4. 80
de 26 à 25 01 idem.............	Idem.	Idem.	Idem.	2. 10	3. 76	Idem.	2. 40
de 25 à 24 01 idem.............	Idem.	Idem.	Idem.	3. 90	5. 56	Idem.	
de 24 à 23 01 idem.............	Idem.	Idem.	Idem.	5. 70	7. 36	Idem.	
de 23 à 22 01 idem.............	Idem.	Idem.	Idem.	8. 40	10. 06	Idem.	0. 30
au-dessous de 22ᶠ 01ᶜ............	Idem.	Idem.	Idem.	Les droits ci-dessus seront augment. de 2ᶠ 70ᶜ par chaque fr. de baisse.		Idem.	
2ᵉ classe							Le droit ci-dessous sera augmenté de 2ᶠ 40ᶜ par chaque fr. de hausse.
au-dessus de 26 francs............	Idem.	Idem.	Idem.	0. 30	0. 30	Idem.	
de 26ᶠ à 25ᶠ 01ᶜ inclusivement........	Idem.	Idem.	Idem.	0. 30	1. 96	Idem.	7. 20.
de 25 à 24 01 idem.............	Idem.	Idem.	Idem.	0. 30	1. 96	Idem.	4. 80
de 24 à 23 01 idem.............	Idem.	Idem.	Idem.	2. 10	3. 76	Idem.	2. 40
de 23 à 22 01 idem.............	Idem.	Idem.	Idem.	3. 90	5. 56	Idem.	
de 22 à 21 01 idem.............	Idem.	Idem.	Idem.	5. 70	7. 36	Idem.	
de 21 à 20 01 idem.............	Idem.	Idem.	Idem.	8. 40	10. 06	Idem.	0. 30
au-dessous de 20ᶠ 01ᶜ............	Idem.	Idem.	Idem.	Les droits ci-dessus seront augment. de 2ᶠ 70ᶜ par chaque fr. de baisse.		Idem.	
3ᵉ classe							Le droit ci-dessous sera augmenté de 2ᶠ 40ᶜ par chaque fr. de hausse.
au-dessus de 24 francs............	Idem.	Idem.	Idem.	0. 30	0. 30	Idem.	
de 24ᶠ à 23ᶠ 01ᶜ inclusivement........	Idem.	Idem.	Idem.	0. 30	1. 96	Idem.	7. 20.
de 23 à 22 01 idem.............	Idem.	Idem.	Idem.	0. 30	1. 96	Idem.	4. 80
de 22 à 21 01 idem.............	Idem.	Idem.	Idem.	2. 10	3. 76	Idem.	2. 40
de 21 à 20 01 idem.............	Idem.	Idem.	Idem.	3. 90	5. 56	Idem.	
de 20 à 19 01 idem.............	Idem.	Idem.	Idem.	5. 70	7. 36	Idem.	
de 19 à 18 01 idem.............	Idem.	Idem.	Idem.	8. 40	10. 06	Idem.	0. 30
au-dessous de 18ᶠ 01ᶜ............	Idem.	Idem.	Idem.	Les droits ci-dessus seront augment. de 2ᶠ 70ᶜ par chaque fr. de baisse.		Idem.	
4ᵉ classe							Le droit ci-dessous sera augmenté de 2ᶠ 40ᶜ par chaque fr. de hausse.
au-dessus de 22 francs............	Idem.	Idem.	Idem.	0. 30	0. 30	Idem.	
de 22ᶠ à 21ᶠ 01ᶜ inclusivement........	Idem.	Idem.	Idem.	0. 30	1. 96	Idem.	7. 20.
de 21 à 20 01 idem.............	Idem.	Idem.	Idem.	0. 30	1. 96	Idem.	4. 80
de 20 à 19 01 idem.............	Idem.	Idem.	Idem.	2. 10	3. 76	Idem.	2. 40
de 19 à 18 01 idem.............	Idem.	Idem.	Idem.	3. 90	5. 56	Idem.	
de 18 à 17 01 idem.............	Idem.	Idem.	Idem.	5. 70	7. 36	Idem.	
de 17 à 16 01 idem.............	Idem.	Idem.	Idem.	8. 40	10. 06	Idem.	0. 30
au-dessous de 16ᶠ 01ᶜ............	Idem.	Idem.	Idem.	Les droits ci-dessus seront augment. de 2ᶠ 70ᶜ par chaque fr. de baisse.		Idem.	

FARINES de ~~maïs~~ et d'orge, ~~lorsque le prix~~ ~~de l'hectolitre~~ ~~de froment~~ ~~sera dans la~~

DÉNOMINATION DES CÉRÉALES.	CLASSES du TARIF.	UNITÉS sur lesquelles portent les droits.	ENTRÉE. TITRES de perception.	DROITS par navires français et par terre.	par navires étrangers.	SORTIE. TITRES de perception.	DROITS.
				fr. c.	fr. c.		Le droit ci-dessous sera augmenté de 80ᶜ par chaque franc de hausse.
au-dessus de 28 francs.............	Farineux alimentaires.	Hectolitre.	15 avril 1832, 26 avril 1833.	0. 10	0. 10	15 avril 1832, 26 avril 1833.	fr. c.
de 28ᶠ à 27ᶠ 01ᶜ inclusivement.......	Idem.	Idem.	Idem.	0. 10	1. 35	Idem.	2. 40
de 27 à 26 01 idem............	Idem.	Idem.	Idem.	0. 10	1. 35	Idem.	1. 60
1ʳᵉ classe..... de 26 à 25 01 idem............	Idem.	Idem.	Idem.	0. 50	1. 75	Idem.	0. 80
de 25 à 24 01 idem............	Idem.	Idem.	Idem.	0. 90	2. 15	Idem.	
de 24 à 23 01 idem............	Idem.	Idem.	Idem.	1. 30	2. 55	Idem.	0. 10
de 23 à 22 01 idem............	Idem.	Idem.	Idem.	1. 90	3. 15	Idem.	
au-dessous de 22ᶠ 01ᶜ.............	Idem.	Idem.	Idem.	Les droits ci-dessus seront augmentés de 60ᶜ par chaque fr. de baisse.)		Idem.	
au-dessus de 26 francs.............	Idem.	Idem.	Idem.	0. 10	0. 10	Idem.	Le droit ci-dessous sera augmenté de 80ᶜ par chaque franc de hausse.
de 26ᶠ à 25ᶠ 01ᶜ inclusivement.......	Idem.	Idem.	Idem.	0. 10	1. 35	Idem.	2. 40
de 25 à 24 01 idem............	Idem.	Idem.	Idem.	0. 10	1. 35	Idem.	1. 60
2ᵉ classe..... de 24 à 23 01 idem............	Idem.	Idem.	Idem.	0. 50	1. 75	Idem.	0. 80
de 23 à 22 01 idem............	Idem.	Idem.	Idem.	0. 90	2. 15	Idem.	
de 22 à 21 01 idem............	Idem.	Idem.	Idem.	1. 30	2. 55	Idem.	
de 21 à 20 01 idem............	Idem.	Idem.	Idem.	1. 90	3. 15	Idem.	0. 10
au-dessous de 20ᶠ 01ᶜ.............	Idem.	Idem.	Idem.	Les droits ci-dessus seront augmentés de 60ᶜ par chaque fr. de baisse.)		Idem.	
au-dessus de 24 francs.............	Idem.	Idem.	Idem.	0. 10	0. 10	Idem.	Le droit ci-dessous sera augmenté de 80ᶜ par chaque franc de hausse.
de 24ᶠ à 23ᶠ 01ᶜ inclusivement.......	Idem.	Idem.	Idem.	0. 10	1. 35	Idem.	2. 40
de 23 à 22 01 idem............	Idem.	Idem.	Idem.	0. 10	1. 35	Idem.	1. 60
3ᵉ classe..... de 22 à 21 01 idem............	Idem.	Idem.	Idem.	0. 50	1. 75	Idem.	0. 80
de 21 à 20 01 idem............	Idem.	Idem.	Idem.	0. 90	2. 15	Idem.	
de 20 à 19 01 idem............	Idem.	Idem.	Idem.	1. 30	2. 55	Idem.	
de 19 à 18 01 idem............	Idem.	Idem.	Idem.	1. 90	3. 15	Idem.	0. 10
au-dessous de 18ᶠ 01ᶜ.............	Idem.	Idem.	Idem.	Les droits ci-dessus seront augmentés de 60ᶜ par chaque fr. de baisse.)		Idem.	
au-dessus de 22 francs.............	Idem.	Idem.	Idem.	0. 10	0. 10	Idem.	Le droit ci-dessous sera augmenté de 80ᶜ par chaque franc de hausse.
de 22ᶠ à 21ᶠ 01ᶜ inclusivement.......	Idem.	Idem.	Idem.	0. 10	1. 35	Idem.	2. 40
de 21 à 20 01 idem............	Idem.	Idem.	Idem.	0. 10	1. 35	Idem.	1. 60
4ᵉ classe..... de 20 à 19 01 idem............	Idem.	Idem.	Idem.	0. 50	1. 75	Idem.	0. 80
de 19 à 18 01 idem............	Idem.	Idem.	Idem.	0. 90	2. 15	Idem.	
de 18 à 17 01 idem............	Idem.	Idem.	Idem.	1. 30	2. 55	Idem.	
de 17 à 16 01 idem............	Idem.	Idem.	Idem.	1. 90	3. 15	Idem.	0. 10
au-dessous de 16ᶠ 01ᶜ.............	Idem.	Idem.	Idem.	Les droits ci-dessus seront augmentés de 60ᶜ par chaque fr. de baisse.		Idem.	

SARRASIN, lorsque le prix de l'hectolitre de froment sera dans la

DÉNOMINATION DES CÉRÉALES.		CLASSES du TARIF.	UNITÉS sur lesquelles portent les droits.	ENTRÉE.			SORTIE.	
				TITRES de perception.	DROITS		TITRES de perception.	DROITS.
					par navires français et par terre.	par navires étrangers.		
					fr. c.	fr. c.		Le droit ci-dessous sera augmenté de 2 fr. par chaque franc de hausse.
FARINE de Sarrasin, lorsque le prix de l'hectolitre de froment sera dans la								
	au-dessus de 28 francs...........	Farineux alimentaires.	100 kil.	15 avril 1832, 26 avril 1833.	0. 25	0. 25	15 avril 1832, 26 avril 1833.	fr. c.
1re classe....	de 28f à 27f 01c inclusivement.......	Idem.	Idem.	Idem.	0. 25	1. 91	Idem.	6. 00
	de 27 à 26 01 idem...........	Idem.	Idem.	Idem.	0. 25	1. 91	Idem.	4. 00
	de 26 à 25 01 idem...........	Idem.	Idem.	Idem.	1. 75	3. 41	Idem.	2. 00
	de 25 à 24 01 idem...........	Idem.	Idem.	Idem.	3. 25	4. 91	Idem.	
	de 24 à 23 01 idem...........	Idem.	Idem.	Idem.	4. 75	6. 41	Idem.	
	de 23 à 22 01 idem...........	Idem.	Idem.	Idem.	7. 00	8. 66	Idem.	0. 25
	au-dessous de 22f 01c...........	Idem.	Idem.	Idem.	Les droits ci-dessus seront augmentés de 2 fr. 25 c. par chaque franc de baisse.		Idem.	
	au-dessus de 26 francs...........	Idem.	Idem.	Idem.	0. 25	0. 25	Idem.	Le droit ci-dessous sera augmenté de 2 fr. par chaque franc de hausse.
2e classe....	de 26f à 25f 01c inclusivement.......	Idem.	Idem.	Idem.	0. 25	1. 91	Idem.	6. 00
	de 25 à 24 01 idem...........	Idem.	Idem.	Idem.	0. 25	1. 91	Idem.	4. 00
	de 24 à 23 01 idem...........	Idem.	Idem.	Idem.	1. 75	3. 41	Idem.	2. 00
	de 23 à 22 01 idem...........	Idem.	Idem.	Idem.	3. 25	4. 91	Idem.	
	de 22 à 21 01 idem...........	Idem.	Idem.	Idem.	4. 75	6. 41	Idem.	
	de 21 à 20 01 idem...........	Idem.	Idem.	Idem.	7. 00	8. 66	Idem.	0. 25
	au-dessous de 20f 01c...........	Idem.	Idem.	Idem.	Les droits ci-dessus seront augmentés de 2 fr. 25 c. par chaque franc de baisse.		Idem.	
	au-dessus de 24 francs...........	Idem.	Idem.	Idem.	0. 25	0. 25	Idem.	Le droit ci-dessous sera augmenté de 2 fr. par chaque franc de hausse.
3e classe....	de 24f à 23f 01c inclusivement.......	Idem.	Idem.	Idem.	0. 25	1. 91	Idem.	6. 00
	de 23 à 22 01 idem...........	Idem.	Idem.	Idem.	0. 25	1. 91	Idem.	4. 00
	de 22 à 21 01 idem...........	Idem.	Idem.	Idem.	1. 75	3. 41	Idem.	2. 00
	de 21 à 20 01 idem...........	Idem.	Idem.	Idem.	3. 25	4. 91	Idem.	
	de 20 à 19 01 idem...........	Idem.	Idem.	Idem.	4. 75	6. 41	Idem.	
	de 19 à 18 01 idem...........	Idem.	Idem.	Idem.	7. 00	8. 66	Idem.	0. 25
	au-dessous de 18f 01c...........	Idem.	Idem.	Idem.	Les droits ci-dessus seront augmentés de 2 f. 25 c. par chaque franc de baisse.		Idem.	
	au-dessus de 22 francs...........	Idem.	Idem.	Idem.	0. 25	0. 25	Idem.	Le droit ci-dessous sera augmenté de 2 fr. par chaque franc de hausse.
4e classe....	de 22f à 21f 01c inclusivement.......	Idem.	Idem.	Idem.	0. 25	1. 91	Idem.	6. 00
	de 21 à 20 01 idem...........	Idem.	Idem.	Idem.	0. 25	1. 91	Idem.	4. 00
	de 20 à 19 01 idem...........	Idem.	Idem.	Idem.	1. 75	3. 41	Idem.	2. 00
	de 19 à 18 01 idem...........	Idem.	Idem.	Idem.	3. 25	4. 91	Idem.	
	de 18 à 17 01 idem...........	Idem.	Idem.	Idem.	4. 75	6. 41	Idem.	
	de 17 à 16 01 idem...........	Idem.	Idem.	Idem.	7. 00	8. 66	Idem.	0. 25
	au-dessous de 16f 01c...........	Idem.	Idem.	Idem.	Les droits ci-dessus seront augmentés de 2 f. 25 c. par chaque franc de baisse.		Idem.	

DÉNOMINATION DES CÉRÉALES.	CLASSES du TARIF.	UNITÉS sur lesquelles portent les droits.	ENTRÉE.			SORTIE.	
			TITRES de perception.	DROITS par navires français et par terre.	par navires étrangers.	TITRES de perception.	DROITS.
				fr. c.	fr. c.		Le droit ci-dessous sera augmenté de 70 cent. par chaque franc de hausse.
AVOINE, lorsque le prix de l'hectolitre de froment sera dans la — **1re classe** — au-dessus de 28 francs.........	Farineux alimentaires.	Hectolitre.	15 avril 1832, 26 avril 1833.	0. 08 3/4	0. 08 3/4	15 avril 1832, 26 avril 1833.	fr. c.
de 28f à 27f 01c inclusivement...	Idem.	Idem.	Idem.	0. 08 3/4	1. 33 3/4	Idem.	2. 10
de 27 à 26 01 idem..........	Idem.	Idem.	Idem.	0. 08 3/4	1. 33 3/4	Idem.	1. 40
de 26 à 25 01 idem..........	Idem.	Idem.	Idem.	0. 43 3/4	1. 68 3/4	Idem.	0. 70
de 25 à 24 01 idem..........	Idem.	Idem.	Idem.	0. 78 3/4	2. 03 3/4	Idem.	
de 24 à 23 01 idem..........	Idem.	Idem.	Idem.	1. 13 3/4	2. 38 3/4	Idem.	
de 23 à 22 01 idem..........	Idem.	Idem.	Idem.	1. 66 1/4	2. 91 1/4	Idem.	0. 08 3/4
au-dessous de 22f 01c........	Idem.	Idem.	Idem.	Les droits ci-dessus seront augmentés de 52c 1/2 par chaque franc de baisse.		Idem.	
2e classe — au-dessus de 26 francs.........	Idem.	Idem.	Idem.	0. 08 3/4	0. 08 3/4	Idem.	Le droit ci-dessous sera augmenté de 70 cent. par chaque franc de hausse.
de 26f à 25f 01c inclusivement...	Idem.	Idem.	Idem.	0. 08 3/4	1. 33 3/4	Idem.	2. 10
de 25 à 24 01 idem..........	Idem.	Idem.	Idem.	0. 08 3/4	1. 33 3/4	Idem.	1. 40
de 24 à 23 01 idem..........	Idem.	Idem.	Idem.	0. 43 3/4	1. 68 3/4	Idem.	0. 70
de 23 à 22 01 idem..........	Idem.	Idem.	Idem.	0. 78 3/4	2. 03 3/4	Idem.	
de 22 à 21 01 idem..........	Idem.	Idem.	Idem.	1. 13 3/4	2. 38 3/4	Idem.	
de 21 à 20 01 idem..........	Idem.	Idem.	Idem.	1. 66 1/4	2. 91 1/4	Idem.	0. 08 3/4
au-dessous de 20f 01c........	Idem.	Idem.	Idem.	Les droits ci-dessus seront augmentés de 52c 1/2 par chaque franc de baisse.		Idem.	
3e classe — au-dessus de 24 francs.........	Idem.	Idem.	Idem.	0. 08 3/4	0. 08 3/4	Idem.	Le droit ci-dessous sera augmenté de 70 cent. par chaque franc de hausse.
de 24f à 23f 01c inclusivement...	Idem.	Idem.	Idem.	0. 08 3/4	1. 33 3/4	Idem.	2. 10
de 23 à 22 01 idem..........	Idem.	Idem.	Idem.	0. 08 3/4	1. 33 3/4	Idem.	1. 40
de 22 à 21 01 idem..........	Idem.	Idem.	Idem.	0. 43 3/4	1. 68 3/4	Idem.	0. 70
de 21 à 20 01 idem..........	Idem.	Idem.	Idem.	0. 78 3/4	2. 03 3/4	Idem.	
de 20 à 19 01 idem..........	Idem.	Idem.	Idem.	1. 13 3/4	2. 38 3/4	Idem.	
de 19 à 18 01 idem..........	Idem.	Idem.	Idem.	1. 66 1/4	2. 91 1/4	Idem.	0. 08 3/4
au-dessous de 18f 01c........	Idem.	Idem.	Idem.	Les droits ci-dessus seront augmentés de 52c 1/2 par chaque franc de baisse.		Idem.	
4e classe — au-dessus de 22 francs.........	Idem.	Idem.	Idem.	0. 08 3/4	0. 08 3/4	Idem.	Le droit ci-dessous sera augmenté de 70 cent. par chaque franc de hausse.
de 22f à 21f 01c inclusivement....	Idem.	Idem.	Idem.	0. 08 3/4	1. 33 3/4	Idem.	2. 10
de 21 à 20 01 idem..........	Idem.	Idem.	Idem.	0. 08 3/4	1. 33 3/4	Idem.	1. 40
de 20 à 19 01 idem..........	Idem.	Idem.	Idem.	0. 43 3/4	1. 68 3/4	Idem.	0. 70
de 19 à 18 01 idem..........	Idem.	Idem.	Idem.	0. 78 3/4	2. 03 3/4	Idem.	
de 18 à 17 01 idem..........	Idem.	Idem.	Idem.	1. 13 3/4	2. 38 3/4	Idem.	
de 17 à 16 01 idem..........	Idem.	Idem.	Idem.	1. 66 1/4	2. 91 1/4	Idem.	0. 08 3/4
au-dessous de 16f 01c.........	Idem.	Idem.	Idem.	Les droits ci-dessus seront augmentés de 52c 1/2 par chaque franc de baisse.		Idem.	

DÉNOMINATION DES CÉRÉALES.	CLASSES du TARIF.	UNITÉS sur lesquelles portent les droits.	ENTRÉE. TITRES de perception.	ENTRÉE. DROITS par navires français et par terre.	ENTRÉE. DROITS par navires étrangers.	SORTIE. TITRES de perception.	SORTIE. DROITS.
				fr. c.	fr. c.		Le droit ci-dessous sera augmenté de 2 fr. 20 c. par chaque franc de hausse.
au-dessus de 28 francs.........	Farineux alimentaires.	100 kil.	15 avril 1832, 26 avril 1833.	0. 27 1/2	0. 27 1/2	15 avril 1832, 26 avril 1833.	fr. c.
de 28f à 27f 01c inclusivement ...	Idem.	Idem.	Idem.	0. 27 1/2	1. 93 1/2	Idem.	6. 60
de 27 à 26 01 idem...........	Idem.	Idem.	Idem.	0. 27 1/2	1. 93 1/2	Idem.	4. 40
de 26 à 25 01 idem...........	Idem.	Idem.	Idem.	1. 92 1/2	3. 58 1/2	Idem.	2. 20
de 25 à 24 01 idem...........	Idem.	Idem.	Idem.	3. 57 1/2	5. 23 1/2	Idem.	
de 24 à 23 01 idem...........	Idem.	Idem.	Idem.	5. 22 1/2	6. 88 1/2	Idem.	0. 27 1/2
de 23 à 22 01 idem...........	Idem.	Idem.	Idem.	7. 70	9. 36	Idem.	
au-dessous de 22f 01c.........	Idem.	Idem.	Idem.	(Les droits ci-dessus seront augmentés de 2 fr. 47 c. 1/2 par chaque franc de baisse.)		Idem.	
au-dessus de 26 francs.........	Idem.	Idem.	Idem.	0. 27 1/2	0. 27 1/2	Idem.	Le droit ci-dessous sera augmenté de 2 fr. 20 c. par chaque franc de hausse.
de 26f à 25f 01c inclusivement....	Idem.	Idem.	Idem.	0. 27 1/2	1. 93 1/2	Idem.	6. 60
de 25 à 24 01 idem...........	Idem.	Idem.	Idem.	0. 27 1/2	1. 93 1/2	Idem.	4. 40
de 24 à 23 01 idem..........	Idem.	Idem.	Idem.	1. 92 1/2	3. 58 1/2	Idem.	2. 20
de 23 à 22 01 idem...........	Idem.	Idem.	Idem.	3. 57 1/2	5. 23 1/2	Idem.	
de 22 à 21 01 idem...........	Idem.	Idem.	Idem.	5. 22 1/2	6. 88 1/2	Idem.	0. 27 1/2
de 21 à 20 01 idem...........	Idem.	Idem.	Idem.	7. 70	9. 36	Idem.	
au-dessous de 20f 01c.........	Idem.	Idem.	Idem.	(Les droits ci-dessus seront augmentés de 2 fr. 47 c. 1/2 par chaque franc de baisse.)		Idem.	
au-dessus de 24 francs.........	Idem.	Idem.	Idem.	0. 27 1/2	0. 27 1/2	Idem.	Le droit ci-dessous sera augmenté de 2 fr. 20 c. par chaque franc de hausse.
de 24f à 23f 01c inclusivement....	Idem.	Idem.	Idem.	0. 27 1/2	1. 93 1/2	Idem.	6. 60
de 23 à 22 01 idem...........	Idem.	Idem.	Idem.	0. 27 1/2	1. 93 1/2	Idem.	4. 40
de 22 à 21 01 idem...........	Idem.	Idem.	Idem.	1. 92 1/2	3. 58 1/2	Idem.	2. 20
de 21 à 20 01 idem...........	Idem.	Idem.	Idem.	3. 57 1/2	5. 23 1/2	Idem.	
de 20 à 19 01 idem...........	Idem.	Idem.	Idem.	5. 22 1/2	6. 88 1/2	Idem.	0. 27 1/2
de 19 à 18 01 idem...........	Idem.	Idem.	Idem.	7. 70	9. 36	Idem.	
au-dessous de 18f 01c.........	Idem.	Idem.	Idem.	(Les droits ci-dessus seront augmentés de 2 fr. 47 c. 1/2 par chaque franc de baisse.)		Idem.	
au-dessus de 22 francs.........	Idem.	Idem.	Idem.	0. 27 1/2	0. 27 1/2	Idem.	Le droit ci-dessous sera augmenté de 2 fr. 20 c. par chaque franc de hausse.
de 22f à 21f 01c inclusivement ...	Idem.	Idem.	Idem.	0. 27 1/2	1. 93 1/2	Idem.	6. 60
de 21 à 20 01 idem...........	Idem.	Idem.	Idem.	0. 27 1/2	1. 93 1/2	Idem.	4. 40
de 20 à 19 01 idem...........	Idem.	Idem.	Idem.	1. 92 1/2	3. 58 1/2	Idem.	2. 20
de 19 à 18 01 idem...........	Idem.	Idem.	Idem.	3. 57 1/2	5. 23 1/2	Idem.	
de 18 à 17 01 idem...........	Idem.	Idem.	Idem.	5. 22 1/2	6. 88 1/2	Idem.	0. 27 1/2
de 17 à 16 01 idem...........	Idem.	Idem.	Idem.	7. 70	9. 36	Idem.	
au-dessous de 16f 01c.........	Idem.	Idem.	Idem.	(Les droits ci-dessus seront augmentés de 2 fr. 47 c. 1/2 par chaque franc de baisse.)		Idem.	

Classes (côté gauche) : 1re classe... ; 2e classe... ; 3e classe... ; 4e classe...

FARINE d'avoine, lorsque le prix de l'hectolitre de froment sera dans la

DISPOSITIONS SPÉCIALES A L'ILE DE CORSE.

TARIF D'ENTRÉE.

Le Tarif général des douanes de France est applicable en Corse, sauf les modifications suivantes :

DÉNOMINATION DES MARCHANDISES.	CLASSES du TARIF.	UNITÉS de percep-tion.	TITRES de percep-tion.	DROITS par navires français.	par navires étrangers.
Béliers, brebis et moutons de toute sorte...............	Animaux vivans.	Par tête.	17 mai 1826.	2 francs.	
Agneaux....................................	Idem.	Idem.	17 mai 1826.	50 centimes.	
Bœufs et taureaux...........................	Idem.	Idem.	21 avril 1818.	1 franc.	
Vaches, génisses et bouvillons.................	Idem.	Idem.	21 avril 1818.	30 centimes.	
Veaux......................................	Idem.	Idem.	21 avril 1818.	15 centimes.	
Boucs et chèvres............................	Idem.	Idem.	17 mai 1826.	25 centimes.	
Chevreaux..................................	Idem.	Idem.	17 mai 1826.	15 centimes.	
Porcs........ { pesant plus de 15 kil........	Idem.	Idem.	2 juillet 1836.	3 francs.	
{ pesant 15 kil. ou moins (cochons de lait)........	Idem.	Idem.	2 juillet 1836.	50 centimes.	
Viande de porc salée *......................	Dépouilles d'animaux.	100 kil. B.	21 avril 1818.	10ᶠ 00ᶜ	11ᶠ 00ᶜ
Fromages.... { de Sardaigne..................	Produits et dé-pouilles d'animaux.	100 kil. B.	21 avril 1818.	5 00	5 50
{ autres....................	Idem.	100 kil. B.	21 avril 1818.	10 00	11 00
Poissons..... { de pêche étrangère...........	Pêches.	100 kil. B.	21 avril 1818.	15 00	16 50
{ marinés.................	Idem.	100 kil. N.	21 avril 1818.	50 00	55 00
Riz...	Farineux alimentaires.	100 kil. B.	21 avril 1818.	1 00	1 10
Semoule....................................	Idem.	100 kil. B.	2 juillet 1836.	0 25	0 25
Pâtes d'Italie...............................	Idem.	100 kil. B.	21 avril 1818.	10 00	11 00
Tabac *...... { en feuilles..................	Denrées coloniales de consommation.	100 kil. N.	21 avril 1818.	60 00	65 50
{ fabriqué..................	Compositions diverses.	100 kil. B.	21 avril 1818.	100 00	107 50
Denrées coloniales de consommation *.........	"	"	21 avril 1818.	Moitié des droits portés au tarif général pour tous les articles compris sous cette dé-nomination.	
Minerai de fer..............................	Métaux.	100 kil. B.	21 avril 1818.	0ᶠ 05ᶜ	0ᶠ 05ᶜ
Tissus de fleuret, sans exception.............	Tissus.	1 kil. N.	21 avril 1818.	1 00	1 10
Tissus de lin ou de chanvre *................	"	"	21 avril 1818.	Moitié des droits portés au tarif général pour tous les articles compris sous cette dé-nomination.	

L'application des droits ci-dessus est subordonnée, en ce qui concerne les marchandises marquées d'un asté-risque*, à la condition qu'elles seront importées par les ports de *Bonifacio, Ajaccio, l'Ile-Rousse, Bastia, Calvi* et *Macinaggio. (Art. 5 de la loi du 21 avril 1818 et art. 12 de la loi du 7 juin 1820.)*

Pour toutes les marchandises taxées au poids, autres que celles qui figurent au présent tableau, on réduit, à moitié, la portion du droit qui excède 5 francs par 100 kil. (*Art. 6 de la loi du 21 avril 1818.)*

La surtaxe de navigation est proportionnellement réduite pour les droits ainsi modifiés. (*Même loi, art. 7.)*

Dans l'application de ces règles, on ramène les centimes à des nombres décimaux, soit en abandonnant ceux qui n'excèdent pas 5, soit en forçant les autres. (*Même loi, art. 8.)*

Par exception à ces dispositions, les huiles d'olive, les légumes secs et leurs farines acquittent les droits du tarif général. (*Loi du 17 mai 1826, art. 3.)*

Les marchandises dénommées dans l'article 22 de la loi du 28 avril 1816 ne peuvent être importées en Corse que sur des bâtimens de vingt tonneaux et au-dessus et par les seuls bureaux de *Macinaggio, Bastia, Bonifacio, Ajaccio, Calvi* et *l'Ile-Rousse. (Loi du 7 juin 1820, art. 12.)*

L'importation des laines est restreinte aussi à ces mêmes bureaux, par application de la restriction d'entrée pro-noncée par l'article 1ᵉʳ de la loi du 17 mai 1826. (*Décision du 16 septembre 1826.)*

Les grains, farines et légumes secs ne peuvent être importés en Corse que par les bureaux ci-dessus désignés et par le bureau de *Cervione. (Ordonnance du 17 janvier 1830.)*

Des ordonnances du Roi peuvent restreindre l'entrée de certaines marchandises aux seuls ports de la Corse qu'elles désignent. (*Loi du 26 juin 1835, article 2.)*

TARIF DE SORTIE.

Le Tarif général des douanes de France est applicable en Corse, sauf les modifications suivantes :

DÉNOMINATION DES MARCHANDISES.	CLASSES du TARIF.	UNITÉS de PERCEPTION.	TITRES de PERCEPTION.	DROITS de SORTIE.
Châtaignes	Farineux alimentaires.	100 kil. B.	21 avril 1818.	0f 25e
Bois à brûler.. { en bûches....................................	Bois communs.	Le stère.	21 avril 1818.	0 10
{ en fagots.....................................	Idem.	Le 100 en nombre.	21 avril 1818.	0 40
Bois { brut.....................	Idem.	Le stère.	21 avril 1818.	0 50
à construire. { scié.. { de plus de 8 centimètres d'épaisseur.......	Idem.	Le stère.	21 avril 1818.	0 25
{ de 8 centimètres et au-dessous...........	Idem.	Les 100 mètres de longueur.	2 juillet 1836.	0 15
Écorce de chêne-liége, brute ou non moulue (seconde écorce)......	Teintures et tannins.	100 kil. B.	2 juillet 1836.	0 25
Feuilles de myrte.................................	Idem.	100 kil. B.	21 avril 1818.	0 50

Les grains, farines et légumes secs ne peuvent être exportés de Corse que par les bureaux de *Macinaggio, Bastia, Cervione, Bonifacio, Ajaccio, Calvi, l'Ile-Rousse, Saint-Florent, Venzolasca et Propriano.* (*Ordonnances des 17 janvier et 23 août 1830.*)

Des ordonnances du Roi peuvent restreindre la sortie de certaines marchandises aux seuls ports de la Corse qu'elles désignent. (*Loi du 26 juin 1835, article 2.*)

Relations de l'île de Corse avec le Continent français.

Les marchandises et denrées et les produits des fabriques de France, expédiés du continent pour l'île de Corse, ne sont soumis à aucun droit de sortie ni d'entrée, sauf à payer ensuite les droits du tarif général, si l'envoi en est fait à l'étranger. (*Article 65 de la loi du 8 floréal an XI, et article 11 de la loi du 21 avril 1818.*)

Lorsque l'exportation à l'étranger en est prohibée, ils ne peuvent être expédiés du continent, pour cette île, que sur des permissions particulières du gouvernement. (*Loi du 8 floréal an XI, article 67.*)

Le transport dans l'île en est soumis, dans tous les cas, aux formalités prescrites pour le cabotage. (*Même loi, article 68.*)

Des ordonnances du Roi déterminent les produits du sol et des fabriques de la Corse, qui peuvent être admis sur le continent en exemption de droits. Elles règlent la nature, la forme et les conditions des justifications d'origine à produire aux douanes de la Corse pour en obtenir l'expédition. (*Loi du 26 juin 1835, article 2.*)

Sont appelés à jouir de cet avantage sous la condition qu'elles seront expédiées par acquit-à-caution :

1° Les productions de l'île qui jouissent actuellement de la franchise, en vertu du premier paragraphe de l'article 10 de la loi du 21 avril 1818, et de l'article 3 de la loi du 17 mai 1826. Aucun de ces produits ne peut être expédié que sur la représentation de certificats d'origine délivrés par les magistrats des lieux de récolte. (*Ordonnance du 1er juillet 1835, article 6.*)

2° Les marchandises désignées ci-après : brai sec ; chanvre et lin teillés et peignés ; eau-de-vie de baie d'arbousier ; fer étiré en barres de toutes dimensions lorque l'origine en est constatée, au vu des échantillons, par les commissaires-experts du gouvernement ; fontes en masses pesant plus de 25 kilogrammes ; goudron ; groisil ; poissons de mer salés dans les ateliers situés à la résidence des receveurs des douanes ; potasses ; soies gréges ; soude naturelle ; tartre brut ; et marbres sciés. (*Ordonnance du 26 février 1836, article 1er.*)

Ces produits doivent être accompagnés de certificats d'origine, délivrés par les maires des communes, et visés par le préfet du département, qui prend au préalable l'avis du directeur des douanes.

Cette dernière disposition est applicable aux certificats d'origine, délivrés pour les huiles et les céréales. (*Ordonnance du 26 février 1836, art. 2.*)

3° Les feuilles sèches *triturées*, recueillies en Corse, quand elles sont expédiées sous les formalités prescrites par l'article 1er, § 1er, de la loi du 21 avril 1818. (*Loi du 2 juillet 1836.*)

Toutes les autres marchandises ou denrées envoyées de Corse en France acquittent, à leur entrée, les droits du tarif général, comme venant de l'étranger. (*Loi du 21 avril 1818, article 10, § 3.*)

Les produits de la Corse, dont l'admission en franchise sur le continent est autorisée, ne peuvent être importés que par les ports de Toulon, Marseille, Cette et Agde. (*Article 10 de la loi du 21 avril 1818, et ordonnance du 26 février 1836.*)

8.

NOTES.

OBSERVATION.—On a réuni, dans la première de ces notes, plusieurs dispositions qui se rapportent à l'ensemble du tableau des droits.

(1) DÉCIME ADDITIONNEL. — Il est perçu, à titre de subvention extraordinaire, *dix centimes par franc* en sus de tous les droits d'entrée et de sortie. (*Loi du 6 prairial an VII et article 17 de la loi du 28 avril 1816.*)

MARCHANDISES NON DÉNOMMÉES. — Les marchandises non dénommées au Tarif ne peuvent être importées que par les bureaux principaux où le droit de l'article le plus analogue leur est appliqué. (*Loi du 28 avril 1816, article 16.*)

RESTRICTION D'ENTRÉE. — Par exception à la restriction d'entrée établie par l'article 20 de la loi du 28 avril 1816, et qui est applicable à toutes les marchandises marquées d'un astérisque * (*voir le tableau n° 1, page 69*), on peut importer par tous les bureaux jusqu'à concurrence de:

25 kilogrammes de fil ou *toile* de lin, de chanvre ou d'étoupe *écrus* ;

5 kilogrammes de fil d'autres espèces, *de toute sorte* de rubans ou d'ouvrages de passementerie ;

50 kilogrammes de fer, d'outils de fer ou de fer rechargé d'acier.

Il est d'ailleurs pourvu, quant aux matières à fabriquer, par des mesures administratives, aux exceptions locales qu'exige la position des fabriques. (*Loi du 28 avril 1816, art. 21.*)

RESTRICTION DE TONNAGE. — Les marchandises marquées de deux astérisques ** et dont l'entrée est restreinte à certains bureaux (*voir le tableau n° 2, page 71*) ne peuvent être importées, savoir: celles des *colonies françaises* que sur des navires de 60 tonneaux au moins (*art. 15 de la loi du 27 juillet 1822*); et celles de *l'étranger,* que sur des bâtiments de 60 tonneaux au moins, pour l'Océan, ou de 40 tonneaux au moins, pour la Méditerranée.

Il y a exception:

1° Pour le port de Bayonne, qui peut les recevoir sur tout bâtiment d'un tonnage supérieur à 24 tonneaux, lorsqu'elles proviennent des ports situés sur les côtes d'Espagne ou de Portugal, en deçà du cap Finistère. (*Loi du 28 avril 1816, art. 22, et loi du 21 avril 1818, art. 50.*)

2° Pour les ports de la Méditerranée qui ont entrepôt, où, par application de l'article 11 de la loi du 27 mars 1817, on peut recevoir d'Espagne, sur des bâtiments espagnols au-dessus de 24 tonneaux, les marchandises suivantes : *sucre, café, cacao, indigo, cochenille, bois de teinture et coton en laine.*

COMMERCE AVEC LES COLONIES FRANÇAISES. — Les produits des colonies françaises autres que ceux spécialement tarifés acquittent, à leur entrée en France, les mêmes droits que les productions de même espèce importées de l'Inde ou *des pays hors d'Europe* par navires français, selon la situation desdites colonies. (*Loi du 17 mai 1826, art. 2.*)

Les marchandises et denrées provenant du sol ou des fabriques de France, et les marchandises étrangères pour lesquelles on a payé les droits d'entrée, peuvent être expédiées du royaume pour les colonies françaises en exemption de tous droits. (*Loi du 17 juillet 1791, art. 3 et 4.*)

La même exemption s'étend aux marchandises et denrées nécessaires à l'armement et à l'avitaillement des navires français destinés pour les colonies. (*Même loi, art. 3.*)

Peuvent aussi être expédiées pour les colonies et en franchise, ou servir à l'armement et à l'avitaillement des navires français qu'on y destine, les denrées et autres objets prohibés à la sortie de France. (*Même loi, art. 20, et loi du 3 septembre 1793, art. 3.*)

COMMERCE AVEC LES COMPTOIRS FRANÇAIS DANS L'INDE. — Les marchandises dont la sortie n'est pas défendue sont expédiées, en franchise de droits, pour les comptoirs et établissements français dans l'Inde. (*Loi du 21 avril 1818, art. 19.*)

TRAITÉ AVEC L'ANGLETERRE. — Les produits d'Europe pris *dans les ports d'Angleterre ou de ses possessions en Europe,* importés *par navires anglais,* sont affranchis de la surtaxe de navigation, c'est-à-dire payent les mêmes droits que par navires français, à la condition, relativement aux marchandises d'Europe dont la production est commune à l'Asie, à l'Afrique et à l'Amérique, de justifier de leur origine européenne.

Sont prohibés pour la consommation:

1° Les produits d'Europe importés *par navires anglais, de tout autre port d'Europe* que des ports d'Angleterre ou de ses possessions en Europe ;

2° Les produits d'Asie, d'Afrique et d'Amérique importés *d'Angleterre ou de ses possessions en Europe par les navires de tous pavillons ;*

3° Les produits d'Asie, d'Afrique et d'Amérique, importés par *navires anglais,* soit des ports d'Europe, soit des ports étrangers à l'Europe. (*Convention de navigation du 26 janvier 1826.*)

TRAITÉ AVEC LES ÉTATS-UNIS. — Les produits naturels et manufacturés des États-Unis d'Amérique, apportés *en droiture* en France par les navires de cette puissance, ne payent que les droits imposés sur les marchandises semblables importées des pays hors d'Europe, autres que de l'Inde, par *navires français,* quand l'origine de ces produits est dûment justifiée au moyen d'un état spécial délivré par le collecteur des douanes américaines et visé par le consul de France. (*Convention du 24 juin 1822.*)

TRAITÉS AVEC LE BRÉSIL, VENEZUELA ET LA NOUVELLE-GRENADE. — L'exemption de la surtaxe de navigation est accordée de même, à la charge de produire des justifications d'origine suffisantes, et sauf le recours aux commissaires experts institués par l'article 19 de la loi du 27 juillet 1822, aux produits naturels et manufacturés :

1° Du Brésil, importés directement des ports dudit empire par navires brésiliens. (*Traité du 8 janvier 1826.*)

2° De a république de Venezuela, importés directement par navires vénézuéliens, des ports de ladite république. (*Convention de commerce et de navigation du 11 mars 1833.*)

3° De l'état de la Nouvelle-Grenade, importés directement des ts dudit état, par navires grenadins. (*Convention de commerce de navigation du 14 novembre 1832.*)

RODUITS DES ÎLES DE LA SONDE ET DES PAYS SITUÉS AU DELÀ. Les produits naturels, *le sucre excepté*, importés *en droiture*, navires français, des îles de la Sonde ou des parties de l'Asie le l'Australasie situées au delà des passages formés par lesdites , obtiennent une remise du cinquième des droits d'entrée, tels ls sont établis pour les provenances les plus favorisées, autres les colonies françaises. (*Loi du 2 juillet 1836.*)

NDUSTRIE PARISIENNE. — Les articles divers de l'industrie pariane, assortis en une même caisse, payent en bloc, *à la sortie*, que la douane de Paris ne juge pas nécessaire de les liquider arément, et sauf à en faire déclarer la valeur, deux centimes kilogramme. (*Loi du 17 mai 1826.*)

DISPOSITION PARTICULIÈRE AU PORT DE MARSEILLE. — Toutes denrées et marchandises imposées, à l'entrée du royaume, à un it principal au-dessous de 15 francs par 100 kilogrammes, augnte uniquement de la surtaxe établie par l'article 7 de la loi du avril 1816 et du décime additionnel, sont exemptes à Marseille premier de ces deux droits accessoires, lorsqu'elles sont notoirent de la nature de celles qui proviennent du Levant, de la Barie et des autres pays situés sur la Méditerranée. (*Ordonnance 10 septembre 1817 art 3.*)

2) L'acide borique ne peut entrer que par les bureaux du *Pont-Beauvoisin*, du *Mont-Genèvre*, de *Saint-Laurent-du-Var* et de rseille. (*Loi du 27 juillet 1822.*)

3) L'acide pyroligneux (*esprit ou vinaigre de bois*), assimilé à ide acétique en vertu de l'article 16 de la loi du 28 avril 1816, notamment taxé comme tel à la sortie. (*Loi du 2 juillet 1836.*)

4) Le gypse cristallisé est assimilé à l'albâtre. (*Loi du 27 mars 7.*)

5) La charrée est taxée, à l'entrée, au dixième des droits des dres de bois *vives*; elle peut être prohibée, à la sortie, par les artements où elle est nécessaire aux fabriques. (*Loi du 27 mars 7.*)

6) Les dispositions relatives aux armes de guerre sont appliles aux pièces d'armes de guerre. (*Ordonnance du 24 juillet 6, article 16.*)

Quand le Gouvernement accorde des exceptions à la défense nporter ou d'exporter des armes ou parties d'armes de guerre, droits ci-après sont exigibles, savoir : pour les armes blanches à feu portatives, ceux des armes de chasse et de luxe; et, pour les d'affût en bronze ou en fonte : à l'entrée, les droits établis la loi du 28 avril 1816; à la sortie, le droit de 1 franc ou centimes par 100 kilogrammes brut, selon les métaux dont ces nes sont formées. (*Note 441 du tarif officiel.*)

7) Les armes de traite, que l'on exporte par mer en caisses de kilogrammes au moins, ne payent que 25 centimes par 100 kirammes brut, droit imposé par la loi du 27 juillet 1822, sur les rages en fer et en acier; celles en caisses d'un poids inférieur it seules soumises au droit de 5 francs. (*Note 443 du tarif ciel.*)

8) Le beurre peut être prohibé à la sortie, soit temporairement, t sur certains points des frontières. (*Loi du 28 avril 1816.*) La sortie en est aujourd'hui permise. (*Ordonnance du 1er mars 6.*)

Mais, quand la prohibition existe, les Suisses, propriétaires des hes conduites aux fromageries du département du Doubs, uvent en exporter jusqu'à la concurrence de 7,833 kilogrammes, payant le droit de 5 francs par 100 kilogrammes brut. (*Décret 15 novembre 1811.*)

(9) Les ouvrages d'or et d'argent, importés de l'étranger, sont envoyés sous plomb et par acquit-à-caution sur le bureau de garantie le plus voisin, pour y être poinçonnés, s'il y a lieu, et acquitter le droit de marque.

Sont affranchis de cette formalité comme de tous droits:

1° Les objets d'or et d'argent appartenant aux ambassadeurs et envoyés des puissances étrangères, quand ils les accompagnent ou sont déclarés par eux;

2° Les bijoux d'or et les ouvrages en argent à l'usage personnel des voyageurs, dont le poids n'excède pas 5 hectogrammes. (*Loi du 19 brumaire an VI.*)

(10) Le bismuth ou étain de glace suit, à l'entrée, le régime de l'étain. (*Loi du 28 avril 1816.*)

(11) Les bitumes *non dénommés* doivent, à l'entrée, par 100 kilogrammes brut: 5 francs par navire français, et 5 francs 50 centimes par navire étranger et par terre. (*Loi du 28 avril 1816.*)

(12) Les bâtiments à vapeur de la marine française, militaire ou marchande qui naviguent en mer ou sur les affluents, jusqu'au dernier bureau des douanes, peuvent se servir de houilles étrangères prises dans les entrepôts, en payant le simple droit de 15 centimes par 100 francs de valeur. (*Loi du 2 juillet 1836, art. 23.*)

La houille carbonisée, dite *coak*, paye à l'entrée le double du droit de la houille, conformément à l'avis du conseil général des mines du 20 juillet 1818. (*Note 229 du tarif officiel.*)

(13) L'admission au droit de 30 centimes, d'Halluin à Baisieux, des houilles entrant par des canaux, est subordonnée à la condition qu'elles auront été acquittées d'avance au bureau de Condé. (*Loi du 2 juillet 1836.*)

(14) Il y a exception permanente à la prohibition de sortie des bois à brûler pour 4,000 stères qui peuvent être exportés, chaque année, pour l'Espagne, par le port de Saint-Jean-de-Luz. (*Décret du 31 mai 1808.*)

Dans ce cas, comme toutes les fois qu'il est dérogé à la prohibition, on perçoit les droits de sortie suivants :

Bois à brûler..	En bûches............	10c le stère.
	En fagots............	40 le cent en nombre.

(*Loi du 28 avril 1816.*)

(15) Les bois de construction bruts ou simplement équarris à la hache payent, à la sortie, le même droit que les bois sciés de plus de 80 millimètres d'épaisseur, selon l'espèce. (*Loi du 2 juillet 1836.*)

(16) On ne considère comme *bois de teinture*, que ceux présentés en copeaux, en petites pièces, en éclats ou en bûches irrégulières, dont il ne peut être tiré ni planches, ni feuilles pour l'ébénisterie. Ceux présentés en blocs, poutrelles, planches et madriers payent comme bois d'ébénisterie. En cas de difficulté, les employés des douanes sont autorisés à faire scier, fendre ou briser les pièces qu'on déclare comme bois de teinture. (*Loi du 28 avril 1816.*)

(17) Le bois de Sapan et de Nicaragua, importé *en droiture* par navires français des pays situés à l'ouest du cap Horn, est taxé, à l'entrée, à la moitié du droit fixé pour les autres provenances hors d'Europe. (*Loi 2 du juillet 1836.*)

(18) Les boissons *en bouteilles* payent, indépendamment du droit qui leur est applicable, 15 centimes à l'entrée et 1 centime à la sortie, par litre de contenance. (*Loi du 28 avril 1816.*)

La *vendange*, c'est-à-dire le raisin simplement écrasé dans les cuves, ne paye que la moitié; et le *moût*, c'est-à-dire le jus du raisin sortant du pressoir, que les deux tiers du droit du vin ordinaire ou de liqueur, selon l'espèce. (*Loi du 28 avril 1816.*)

Le vinaigre de vin paye, à la sortie, le même droit que le vin. (*Loi du 28 avril 1816.*)

Aux termes de l'ordonnance du 28 décembre 1828, les boissons destinées à passer à l'étranger par la voie de terre ne jouissent de l'exemption des droits de circulation dont la perception est attribuée à l'administration des contributions indirectes, qu'autant que la sortie s'en effectue par des points déterminés. (*Voir le tableau n° 3*, *page 72.*)

(19) Les vins de *Bénicarlo* et d'*Alicante*, provenant de la dernière récolte, qu'on importe en futailles par les ports de *Marseille*, *Cette*, *Agde* et *Bordeaux*, à la charge d'en assurer la destination pour Marseille, Montpellier, Cette ou Bordeaux, où ils doivent être exclusivement employés à des mélanges avec des vins de France, sont admis aux droits de 10 francs par hectolitre. (*Loi du 17 décembre 1814.*)

(20) Les bonbons suivent, à l'entrée, le régime du sucre terré. (*Loi du 27 mars 1817.*)

(21) Les boules de bleu sont assimilées à l'indigo. (*Loi du 28 avril 1816, art. 16.*)

(22) La cannelle *de Chine* est taxée, à l'entrée, au tiers des droits fixés pour la cannelle de toute autre sorte. (*Loi du 2 juillet 1836.*)

(23) Le droit de sortie, sur les cartes à jouer, n'est applicable qu'aux cartes revêtues du filigrane et du timbre de la régie, et aux cartes à portrait étranger, de fabrication française. Les autres cartes à jouer sont prohibées à la sortie. (*Arrêté du 3 pluviôse an VI, et décret du 13 fructidor an XIII.*)

(24) Les cartes géographiques placées dans des ouvrages de librairie et se rapportant au texte acquittent, à l'entrée, les mêmes droits que les livres. (*Loi du 27 juillet 1822.*)

(25) Le cassia lignea, est taxé au tiers des droits fixés pour la cannelle de toute autre sorte que la cannelle de Chine. (*Loi du 2 juillet 1836.*)

(26) Les chapeaux de paille entière, d'écorce de bois, ou de sparterie, qui ont moins de 14 tresses dans l'espace d'un décimètre, sont considérés comme grossiers. On traite comme fins :
1° Ceux des mêmes espèces qui ont 14 tresses ou plus, dans le même espace;
2° Les chapeaux de paille coupée et ouvragée, quelle que soit la largeur des tresses. (*Loi du 17 mai 1826.*)

(27) Le charbon de bois peut être exporté par les points pour lesquels le Gouvernement suspend la prohibition, et en payant le droit de 1 fr. par 100 kil. brut. (*Loi du 7 juin 1820.*)
On peut en exporter, moyennant ce droit, des quantités illimitées par la rivière de la Meuse. (*Ordonnance du 4 octobre 1820.*)
Néanmoins, peuvent sortir, en payant le droit de 10 centimes par hectolitre :
Par les départements du Rhin, des quantités illimitées. (*Lois des 30 avril 1806, et 28 avril 1816.*)
Par la frontière d'Espagne, 200 quintaux pour le compte de la commune de Briaton, et 400 quintaux pour celles de Sarre et d'Urugues. (*Mêmes lois.*)
Par les bureaux de Bellegarde, Mijoux et Forens (Ain), en quantités illimitées. (*Loi du 2 juillet 1836.*)

(28) La crasse de cire paye, à l'entrée, le même droit que la cire jaune non ouvrée. (*Loi du 28 avril 1816.*)

(29) La cire à cacheter est taxée, à l'entrée, comme la mercerie commune. (*Loi du 5 juillet 1836.*)

(30) Par dérogation à l'article 22 de la loi du 28 avril 1816, la cochenille peut être importée par les bureaux de *Bourg-Madame*, *Perthus*, *Béhobie* et *Ainhoa*. (*Loi du 21 avril 1818, art. 50.*)

(31) Les confitures *sèches* ou *fluides* payent, à l'entrée, le même droit que le sucre, soit brut autre que blanc, soit terré selon la provenance. (*Loi du 27 mars 1817.*)

(32) La loi du 21 avril 1818 n'a pas établi de droit pour la sortie des monnaies ayant cours légal; mais par application de la loi du 28 avril 1816, et pour assurer l'exactitude de la balance du commerce, on les soumet, à la sortie, à la même taxe qu'à l'entrée (*Note 250 du Tarif officiel.*)

(33) Les limailles sont taxées, savoir : à l'entrée, comme leur minerais (*loi du 28 avril 1816*); à la sortie, comme le métal dont elles proviennent. (*Loi du 2 juillet 1836.*)

(34) Les défenses et cornes autres que de bétail, propres à la tabletterie, et notamment les défenses de licorne (*narval*) et d'hippopotame, dénommées dans la loi du 28 avril 1816, payent, à l'entrée, le même droit que les défenses d'éléphant. (*Loi du 27 mars 1817.*)
Les défenses en morceaux d'un kilogramme, ou moins, sont taxées à l'entrée, au double des droits fixés pour les défenses entières (*Loi du 2 juillet 1836.*)

(35) Les dents mâchelières d'éléphant acquittent, à l'entrée, le huitième des droits des défenses entières. (*Loi du 2 juillet 1836.*)

(36) Le droit sur les eaux minérales, autres que celles gazeuses en cruchons de grès commun, est indépendant de celui à percevoir sur les vases qui les contiennent. (*Loi du 28 avril 1816.*)

(37) Les écorces à tan peuvent être exportées par les points pour lesquels le Gouvernement suspend la prohibition. (*Loi du 7 juin 1820.*)
Par application de cette disposition on peut exporter :
1° Par la rivière de la Meuse, des quantités illimitées d'écorces à tan moulues ou non moulues. (*Ordonnance du 4 octobre 1820.*)
2° Par la douane de Mijoux, cent cinquante mille kilogrammes annuellement, d'écorces de sapin *non moulues*, provenant du territoire de la commune de Septmoncel (Ain). (*Ordonnance du 30 août 1820.*)
Dans ces cas, comme toutes les fois que la prohibition est suspendue, on perçoit les droits suivants :

Écorces à tan..	de sapin	non moulues.......	0f 50c	par 100 kilog. brut.
		moulues	0 25	
	autres.	non moulues	2 00	
		moulues	1 00	

(*Loi du 2 juillet 1836.*)

Toutefois, le ci-devant district (aujourd'hui arrondissement) de Lure, département de la Haute-Saône, peut exporter annuellement douze mille cinq cents quintaux métriques d'écorces à tan, *non moulues*, à la charge de payer le droit de 1 franc 2 centimes par mille kilogrammes, brut. (*Lois des 27 juin 1792, et 24 nivôse an v.*)

(38) Les vêtements neufs, confectionnés, et autres effets neufs à l'usage des voyageurs, (*en tissus ou matières prohibées à l'entrée*) sont admis au droit de 30 p. 0/0 de la valeur, quand ils ont été déclarés avant la visite, et que la douane reconnaît que ce sont des objets hors de commerce destinés à l'usage personnel des déclarants, et en rapport avec leur condition et le reste de leurs bagages. (*Loi du 2 juillet 1836.*)

(39) Les câbles dragués *de toute sorte* ne payent, comme les ancres draguées, que 1 franc par 100 kilogrammes. Cette modération de droit n'est applicable qu'aux ancres et aux câbles retirés du fond des ports et rades du royaume par des *dragueurs français* Le dragage doit en être constaté d'une manière authentique par les agents de l'administration de la marine.
Les ancres et câbles dragués, dont la propriété est revendiquée dans le délai indiqué par l'ordonnance de la marine de 169

tiore IV, titre IX, article 28), sont traités comme marchandises de sauvetage, c'est-à-dire qu'ils sont soumis aux dispositions générales du tarif, quand la nationalité n'en est pas justifiée. (*Loi du juillet 1836.*)

(40) Le minerai de fer *chromaté* ne peut sortir que par les bureaux de *Briançon, Saint-Tropez, Cavalaire* et *Marseille*. (*Loi du 7 juin 1820.*)

(41) Les débris d'ouvrages en fonte appelés *têts et blocailles* sont admis aux droits de la fonte brute, en vertu de permissions spéciales, délivrées sur la demande du ministre du commerce, quand ils sont évidemment plus propres qu'à la refonte et sont destinés pour les forges situées dans le rayon frontière. (*Loi du 21 avril 1818.*)

Les *projectiles de guerre*, tels que bombes, boulets, obus, grenades, mitraille, etc., sont prohibés comme munitions de guerre; mais, lorsque le gouvernement accorde des exceptions à la défense d'en importer ou d'en exporter, les droits ci-après sont exigibles, savoir : à l'entrée, 4 fr. ou 4 fr. 50 cent. par 100 kil. brut, selon le mode d'importation (*Loi du 28 avril 1816.*); à la sortie, 25 cent. par 100 kil. brut. (*Loi du 27 juillet 1822*).

(42) Les fers en barres que l'on justifie provenir de forges étrangères, où ils se traitent exclusivement *au charbon de bois et au marteau*, sont admis aux droits établis par la loi du 21 décembre 1814, mais appliqués aux dimensions déterminées par le tarif en vigueur, conformément au tableau ci-après. (*Lois des 27 juillet 1822 et 2 juillet 1836.*)

Tableau des droits à percevoir sur les fers en barres dans les cas exceptionnels prévus par les lois des 27 juillet 1822 et 2 juillet 1836.

	UNITÉS sur lesquelles portent les droits.	DROITS D'ENTRÉE par navires français et par terre.	DROITS D'ENTRÉE par navires étrangers.
plates de	488 millim. (90 lignes) et plus, *la largeur multipliée par l'épaisseur*	100 kil. B.	15ᶠ	16ᶠ50ᶜ
	213 mill. inclus. à 488 exclus. (43 à 90 l.), *idem.*	*Idem* B.	25	27 50
	Moins de 213 mill. (43 l.), *idem.*	*Idem* B.	40	44 00
carrées	22 mill. (10 l.) et plus, *sur chaque face*	*Idem* B.	15	16 80
	15 mill. inclus. à 22 exclus. (7 à 10 l.), *idem.*	*Idem* B.	25	27 50
	Moins de 15 mill. (7 l.), *idem.*	*Idem* B.	40	44 00
rondes do	15 mill. (7 l.) et plus, *de diamètre*	*Idem* B.	25	27 50
	Moins de 15 mill. (7 l.) *idem.*	*Idem* B.	40	44 00

Aux termes des lois des 27 juillet 1822 et 2 juillet 1836, cette modération de droits est subordonnée à la condition que l'importation des fers s'effectuera par certains bureaux, et que ceux arrivant par mer seront importés *en droiture*. (*Voir, pour la nomenclature des bureaux, le tableau n° 4, page 73.*)

Les *barres à rainures*, dites *rails*, payent à l'entrée le même droit que les autres fers étirés selon leur dimension.(*Loi du 2 juillet 1836.*)

(43) Le *fer-blanc* ne peut entrer que par les bureaux principaux. (*Loi du 7 juin 1820.*)

(44) Le fil de fer ou d'acier comprend les baguettes rondes au-dessous de 7 millimètres (*3 lignes*) de diamètre, qui sont en bottes boites, et tout le fil de fer ou d'acier, quel que soit son diamètre, s'il est roulé en couronne. (*Loi du 21 décembre 1814.*)

Les *cordes métalliques* blanches *pour instruments*, étant en fil de fer, elles doivent, quand elles sont roulées *en couronne*, le droit du fer de tréfilerie. (*Avis du comité consultatif du 4 janvier 1826.*)

Celles roulées *en bobines* sont soumises, à l'entrée, au droit de 75 ou 76 fr. par 100 kil. (*Décret du 26 novembre 1811.*)

(45) Voir la note 33, relative aux limailles de cuivre.

(46) Les débris de vieux ouvrages en fer (*ferraille*) sont admis aux mêmes droits que la fonte brute, pour ce qui s'importe à la

demande du ministre du commerce par les bureaux ouverts à l'importation des marchandises payant plus de 20 francs par 100 kilogrammes. (*Loi du 5 juillet 1836.*)

(47) Le *mâchefer* est taxé, à l'entrée, au cinquième du droit de la fonte brute. (*Loi du 17 mai 1826.*)

(48) Application du droit des chapeaux communs, combiné avec leur poids. (*Note 408 du Tarif officiel.*)

(49) Le chanvre de Manille (*aboca*), le phormium tenax et les fibres d'aloès sont nommément taxés comme-végétaux filamenteux. (*Loi du 2 juillet 1836.*)

(50) Les cotons filés des numéros admissibles aux droits ne peuvent être importés qu'en paquets de *deux* livres anglaises, *au moins*, et par les seuls bureaux du *Havre*, de *Calais* et de *Dunkerque*.

Au moment de l'acquittement des droits, ils reçoivent une marque à défaut de laquelle ils sont saisissables dans l'intérieur, conformément à la loi du 28 avril 1816. Les formes et les conditions de cette marque sont déterminées par des ordonnances du Roi. (*Loi du 2 juillet 1836.*)

(51) Les fromages de pâte molle ou de pâte dure, provenant des troupeaux français qui pacagent à l'étranger, peuvent être affranchis des droits d'entrée. (*Loi du 5 juillet 1836.*)

(52) La casse confite (*canéfice*) est assujettie, à l'entrée, aux mêmes droits que le sucre terré. (*Loi du 27 mars 1817.*)

(53) Les olives fraîches sont taxées, à l'entrée, au cinquième du droit des huiles d'olive. (*Loi du 2 juillet 1836.*)

(54) La garance destinée à être moulue dans les ateliers des départements du Haut et du Bas-Rhin est admise, en payant seulement, savoir:

La verte....................... 0ᶠ 50ᶜ } par 100 kil. brut.
La sèche....................... 1 00 }

à charge, 1° de ne l'importer que par les bureaux de Frauenberg, Wolmunster, Wissembourg, Lauterbourg, *ou* Strasbourg *par la Vantzenau;*

2° de la réexporter, dans le délai de six mois, en passant par le Havre, Drusenheim *par Haguenau*, Strasbourg, Saint-Louis ou Pontarlier. (*Loi du 27 mars 1817.*)

(55) Les griffes de girofle payent, à l'entrée, le quart des droits imposés sur les clous. (*Loi du 2 juillet 1836.*)

(56) Les gousses d'acacia (*bablah*) et les gousses de cassie, sont nommément taxées comme gousses tinctoriales. (*Loi du 2 juillet 1836.*)

(57) Les gravures et lithographies placées dans des ouvrages de librairie et se rapportant au texte, payent les mêmes droits d'entrée que les livres. (*Loi du 27 juillet 1822.*)

(58) Voir pour le titre justificatif de l'exemption des droits d'entrée la note 100, relative aux poissons de mer de pêche française.

(59) Les ouvrages montés d'horlogerie ne peuvent entrer que par les bureaux ouverts au transit des marchandises prohibées. (*Voir, pour la nomenclature de ces bureaux, le tableau n° 5, page 74.*)

Les montres ainsi introduites sont dirigées, par acquit-à-caution et sous le plomb des douanes, sur l'un des cinq bureaux de garantie de *Paris, Lyon, Besançon, Montbéliard* et *Lons-le-Saulnier*, pour y être essayées et marquées, et y acquitter le droit de garantie. (*Loi du 2 juillet 1836.*)

(60) Voir pour le titre justificatif de l'exemption des droits d'entrée la note 100, relative aux poissons de mer de pêche française.

(61) Les instruments aratoires ne peuvent être présentés dans les ports qu'en colis de 50 kilogrammes, au moins, sans mélange des espèces soumises à des droits différents. (*Loi du 17 décembre 1814.*)

(62) Aux termes de la loi du 17 mai 1826, des ordonnances du Roi déterminent les bureaux par lesquels l'importation des laines est permise. (*Voir, pour la nomenclature de ces bureaux, le tableau n° 6, page 74.*)

Les fabriques voisines de la frontière, auxquelles leur éloignement de l'un des bureaux désignés pour l'importation des laines, ne permettrait de tirer leur approvisionnement qu'au moyen d'un circuit onéreux, peuvent être temporairement autorisées à recevoir cet approvisionnement par le bureau de la route directe, conformément à l'article 21 de la loi du 28 avril 1816. (*Ordonnance du 26 juillet 1826.*)

Le droit sur les laines se perçoit sans *minimum* de valeur obligé. (*Loi du 2 juillet 1836.*)

(63) D'après l'ordonnance du 17 janvier 1830, les légumes secs et leurs farines sont soumis, pour leur importation et leur exportation, aux mêmes restrictions d'entrée et de sortie que les grains. (*Voir le tableau n° 7, page 76.*)

(64) Les limes ne peuvent être importées par les bureaux de mer, qu'en colis de 50 kilogrammes et au-dessus, sans mélange des espèces soumises à des droits différents. (*Loi du 17 décembre 1814.*)

On comprend sous la dénomination de limes *communes*, les limes à queue non polies, dont chacune ne pèse pas moins d'un hectogramme et qui, empaillées et sans papier, sont en paquets de six au plus et se vendent au poids dans le commerce.

Les limes *fines* se distinguent des limes *communes*, par les caractères opposés à ceux ci-dessus décrits ; la taille en est plus serrée et plus régulière ; le morceau d'acier, dont chacune est formée ayant été poli avant qu'on le poinçonnât, la partie inférieure qui sert d'emmanchement est lisse et régulièrement évidée. Elles sont, à moins de fraude, enveloppées de papier et se vendent au pouce.

Les longueurs ne se mesurent que sur la partie de la lime qui est taillée ou poinçonnée, sans comprendre la partie réservée pour l'emmanchement. (*Loi du 7 juin 1820.*)

(65) La loi du 27 mars 1817 a désigné, pour l'importation des livres, les seuls bureaux de *Valenciennes, Strasbourg, Pont-de-Beauvoisin, Bayonne* et *Calais*; mais des décisions ministérielles ont successivement ajouté à ces bureaux ceux de *Lille, Baisieux, Forbach, Wissembourg, Saint-Louis, Pontarlier, Les Rousses, Morez, Bellegarde, Chaparcillan, Marseille, Béhobie, Bordeaux, Caen, Rouen, le Havre, Boulogne* et *Dunkerque*.

Les livres importés de l'étranger sont dirigés, sous double plomb et par acquit-à-caution, soit sur la douane de Paris, soit sur une préfecture de département où il est vérifié, d'une part, s'ils ont été exactement déclarés quant aux espèces qui déterminent l'application de la taxe, et de l'autre, s'ils ne sont pas de nature à provoquer la saisie, pour contravention aux lois sur la presse.

Le commerce est tenu de faire emballer séparément, par espèce, les livres qui doivent acquitter moins de 150 francs par 100 kilogrammes. (*Loi du 27 mars 1817.*)

Les gazettes et journaux importés en collection, *comme objets de commerce*, payent les mêmes droits que les livres. (*Loi du 28 avril 1816.*)

(66) Il faut une autorisation spéciale, pour réimporter au droit de 1 franc ou 1 franc 10 centimes, dans les cinq ans, les livres imprimés en France. (*Loi du 27 mars 1817.*)

(67) Les parties de machines et mécaniques sont prohibées à l'entrée ; mais elles peuvent être admises en vertu de permissions spéciales. (*Lois des 27 mars 1817 et 21 avril 1818.*)

Les machines et mécaniques propres aux arts et métiers peuvent sortir, soit montées, soit en pièces détachées. (*Loi du 2 juillet 1836.*)

(68) Le macis est soumis, à l'entrée, aux mêmes droits que les muscades sans coques. (*Loi du 2 juillet 1836.*)

(69) Les marbres antiques sont considérés comme objets de collection hors de commerce. (*Loi du 28 avril 1816.*)

Les sculptures qui sont l'ouvrage des Français attachés à l'école de Rome payent comme objets d'art. (*Loi du 7 juin 1820.*)

Les pierres dites *écossines* ou pierres d'Antoing, de Tournay et de Soignies, sont assimilées aux matériaux à bâtir, quand elles sont importées brutes ou simplement équarries, autrement que par le sciage. (*Loi du 2 juillet 1836.*)

(70) La chaux et les pierres à chaux, en quelque état qu'elles soient, sont traitées comme les engrais, lorsqu'on justifie qu'elles sont destinées à l'amendement des terres situées dans le rayon des douanes. (*Loi du 2 juillet 1836.*)

(71) On entend par petites ardoises pour toiture, taxées à la sortie au droit de 10 centimes, celles qui ont moins de 13 centimètres de longueur. (*Loi du 17 mai 1826.*)

(72) Par dérogation à la prohibition dont sont frappés, à l'entrée, les extraits de quinquina, on admet, au droit de 1 franc le kilogramme, l'extrait de quinquina *concret* ou *pulvérulent*, quand il est importé du Pérou par navire français. (*Loi du 2 juillet 1836.*)

(73) Les médicaments composés, *non dénommés*, dont l'école de pharmacie reconnaît la nécessité ou l'utilité, et dont elle détermine alors le prix commun, sont admis, par dérogation à la prohibition, moyennant le droit de 20 p. 0/0 de la valeur. (*Loi du 27 mars 1817.*)

(74) La mercerie fine *en soie ou en fleuret*, qui comprend les mouchoirs, les bourses à cheveux et les mouches, sont soumise, à l'entrée, au même droit que l'espèce de soierie dont elle est formée. (*Loi du 28 avril 1816.*)

(75) Les matelas sont rangés dans la classe des meubles. (*Loi du 27 mars 1817.*) Quand ils renferment des poils non filés, prohibés à la sortie, l'exportation en est interdite. (*Loi du 19 thermidor an IV.*)

(76) Le miel suit, à l'entrée, le régime du sucre. Il est taxé à la moitié des droits imposés sur le sucre brut, autre que blanc. (*Loi du 27 mars 1817.*)

(77) Les fleurs artificielles sont soumises aux mêmes droits que les ouvrages de mode. (*Loi du 27 mars 1817.*)

(78) Voir pour le titre justificatif de l'exemption des droits d'entrée la note 100, relative aux poissons de mer de pêche française.

(79) Lorsque la laine des moutons, béliers, brebis et agneaux, se trouve avoir plus de quatre mois de croissance, on perçoit, indépendamment des droits afférents aux animaux, le droit de la laine selon son espèce. (*Loi du 17 mai 1826.*)

(80) Les pastilles *odorantes à bijoux*, dites *pastilles du sérail*, sont soumises, à l'entrée, aux mêmes droits que le musc. (*Loi du 27 mars 1817.*)

(81) Les muscades en coques payent les deux tiers des droits des muscades sans coques. (*Loi du 2 juillet 1836.*)

(82) La musique gravée étant assujettie, dans certains cas, à un droit de timbre, on expédie, sous plomb et par acquit-à-caution sur un bureau de timbre extraordinaire, au choix du redevable, les ouvrages de musique qui doivent être timbrés. (*Loi du 9 vendémiaire an VI.*)

(83) La nacre à bords noirs, dite *bâtarde*, et les coquillages nacrés (*haliotides*) sont taxés, savoir : la nacre bâtarde à la moitié, les haliotides au dixième des droits établis sur la nacre *franche*, dont ils suivent le régime.

Cette réduction de droits ne s'applique, qu'autant que l'importation s'effectue par les ports de *Marseille, Bordeaux, Nantes, le Havre, Rouen, Calais* et *Dunkerque*; ailleurs ils payent comme nacre franche. (*Loi du 2 juillet 1836.*)

(84) Voir la note 9, relative à la bijouterie.

(85) Les outils *de toute sorte* ne peuvent être importés par les bureaux de mer, qu'en colis de 50 kilogrammes et au-dessus,

ns mélange des espèces soumises à des droits différents. (*Loi 17 décembre 1814.*)

Les toiles métalliques payent, selon l'espèce, le droit des outils pur acier ou de laiton. (*Loi du 27 mars 1817.*)

(86) Les barils vides au-dessous de 10 litres de contenance yent les mêmes droits que la boissellerie. (*Loi du 27 juillet 1822.*)

(87) Les manches d'outils en bois de toute sorte, avec ou sans ole, sont soumis au droit des ouvrages en bois non dénommés. oi du 2 juillet 1836.)

(88) L'assimilation du pain et du biscuit de mer aux farines été prononcée par aucune disposition législative, mais elle ré- te de la loi du 28 avril 1816, art. 16.

(89) Les *montures* et les *carcasses* de parapluies ou parasols vent, savoir : à l'entrée, le cinquième du droit imposé sur les rapluies en soie complétement garnis (note *463 du tarif officiel*); a sortie, 2 centimes par kilogramme, droit fixé pour les articles ers de l'industrie parisienne, par la loi du 17 mai 1826. (*Loi du uillet 1836.*)

(90) Les pastilles odorantes à brûler payent, à l'entrée, les mes droits que les résineux exotiques. (*Loi du 27 mars 1817.*)

(91) Les peaux brutes *sèches*, de toutes dimensions, importées droiture, par navires français des pays situés à l'ouest du cap rn, ne payent, que la moitié des droits imposés sur les peaux même espèce importées des pays hors d'Europe. (*Loi du uillet 1836.*)

Les peaux revêtues de leur laine acquittent, suivant leur valeur, les fraîches, la moitié; celles sèches, les deux tiers du droits osés sur les laines. (*Loi du 17 mai 1826.*) Leur entrée est res- inte, par suite, aux seuls bureaux ouverts à l'importation des aes. (*Voir*, pour la nomenclature de ces *bureaux, le tableau n° 6, ge 74.*)

Les peaux d'agneau revêtues de leur laine, *du poids de plus n kilogramme*, sont les seules auxquelles soit applicable la tari- ation établie par la loi du 17 mai 1826. (*Avis du comité consul- f des arts et des manufactures, du 1er septembre 1829.*)

(92) Les grandes peaux *brutes* et *sèches* ne peuvent être impor- s, par terre, que par les bureaux désignés par des ordonnances du (*Loi du 5 juillet 1836.*)

(93) Il s'agit ici *du cuir propre à la reliure, traité à l'écorce de le ou de bouleau,* à l'exclusion de celui dont on se sert pour e des semelles. (*Loi du 2 juillet 1836.*)

(94) Les grandes peaux tannées, pour semelles, ne peuvent être portées que par les seuls bureaux qui sont désignés par des or- nances du Roi. (*Loi du 5 juillet 1836.*)

(95) Les pelleteries importées, *en droiture,* par navires français pays situés à l'ouest du cap Horn, ne payent, selon leur espèce eur qualité, que la moitié des droits fixés pour les autres prove- aces hors d'Europe. (*Loi du 2 juillet 1836.*)

(96) Les perches peuvent être exportées par les points pour uels le Gouvernement suspend la prohibition et en payant les its ci-après :

Perches { à houblon............ 50f le 1,000 en nombre.
         { dites *waires*............. 33   idem.
         { dites *wairettes*......... 10   idem.
oi du 7 juin 1820.)

.a sortie en est aujourd'hui permise :

° Par la rivière de Meuse. (*Ordonnance du 4 octobre 1820.*)
e° Par divers bureaux du département du Nord. (*Décision mi- érielle du 26 octobre 1832.*)

(97) Le byssus de pinne marine est soumis, à l'entrée, aux mêmes its que les soies grèges. (*Loi du 2 juillet 1836.*)

(98) Voir la note 33, relative aux limailles de cuivre.

(99) Le poil de Messine est soumis, à l'entrée, aux mêmes droits que les soies grèges. (*Loi du 2 juillet 1836.*)

(100) L'exemption des droits d'entrée sur les produits de la *pêche française* remonte à des arrêts rendus de 1664 à 1750.

Le projet de loi présenté à la Chambre des Députés le 19 janvier 1822 proposait de les soumettre à un droit très-faible : on vou- lait par là pouvoir en constater l'importance; mais il fut reconnu qu'il y aurait plus d'inconvénients que d'avantages dans l'établisse- ment d'un droit d'entrée quelconque sur les *poissons de mer, les rogues, homards, huîtres fraîches, moules et autres coquillages pleins,* et la loi du 27 juillet 1822, par son silence, consacre la franchise de tous les produits de l'espèce de la pêche française. Cette franchise est subordonnée, quant au hareng et au maquereau, aux dispositions de l'article 3 de l'ordonnance du 14 août 1816, et, quant à la morue, à la législation qui lui est spéciale. (*Note 48 du tarif officiel.*)

(101) Le poisson de mer *frais,* importé depuis Blancmisseron (Nord) jusqu'à Mont-Genèvre (Hautes-Alpes), ne paye que le quart du droit fixé pour le poisson de mer importé par tous les autres points. (*Loi du 2 juillet 1836.*)

Le caviar et la boutargue payent les mêmes droits que le poisson de mer. (*Loi du 28 avril 1816.*)

(102) Aux termes de l'ordonnance du 19 juillet 1829, l'adminis- tration des contributions indirectes délivre, sous certaines con- ditions, des permis d'exportation de poudre à tirer; on perçoit dans ce cas le droit de sortie de 25 centimes par 100 kilogrammes brut. (*Articles 13 et 14 de la loi du 28 avril 1816.*)

(103) Les racines de réglisse importées par Marseille, qui sont déclarées pour la fabrication du jus de réglisse destiné à être ex- porté à l'étranger, ne payent, suivant qu'elles arrivent par navires français ou par navires étrangers, que 25 centimes ou 2 francs par 100 kilogrammes brut; mais les quantités de racines pour les- quelles, deux ans après la déclaration, on n'a pas justifié d'une exportation en jus dans la proportion d'un septième, acquittent la différence entre les droits ci-dessus et ceux du tarif. (*Ordonnance du 15 avril 1820.*)

(104) Le riz en paille est taxé, à l'entrée, à la moitié des droits fixés pour le riz en grains. (*Loi du 2 juillet 1836.*)

(105) Voir la note 100, relative aux poissons de pêche française.

(106) Les scies ne peuvent être présentées dans les ports qu'en colis de 50 kilogrammes au moins, sans mélange des espèces sou- mises à des droits différents. (*Loi du 17 décembre 1814.*)

(107) Les sulfates de potasse et de soude payent, à l'entrée, les mêmes droits que la potasse. (*Loi du 27 mars 1817.*)

(108) Le tartre brut (*tartrate acide de potasse impur*) est tarifé, à l'entrée, comme la potasse. (*Loi du 28 avril 1816.*)

Celui destiné à être réexporté, après avoir été converti en crême de tartre ou en acide tartarique, est admis, en payant seulement, par 100 kilogrammes brut, 50 centimes par navire français, et 2 francs par navire étranger et par terre. (*Loi du 7 juin 1820.*)

(109) Le carbonate de potasse est taxé, à l'entrée, comme la po- tasse. (*Loi du 27 mars 1817.*)

(110) Le borax *brut,* destiné au raffinage, peut être importé au droit de 50 centimes ou de 2 francs par cent kilogrammes brut, selon que le navire est français ou étranger, **à charge de réexporter,** dans l'année, le même poids de borax naturel raffiné. (*Loi du 17 mai 1826.*)

(111) Les sirops, *sans exception,* sont taxés, à l'entrée, savoir : ceux importés des colonies françaises, comme le sucre brut autre que blanc; ceux importés de l'étranger, comme le sucre terré. (*Loi du 27 mars 1817.*)

(112) Le sucre de lait paye à l'entrée le même droit que le sucre terré blanc. (*Loi du 28 avril 1816.*)

(113) Il y a exception à la prohibition d'entrée des tabacs fabriqués :

1° Pour ce que l'administration des tabacs fait venir de l'étranger. (*Loi du 28 avril 1816, article 173.*)

2° Pour les petites provisions de tabac de santé ou d'habitude dont le ministre des finances autorise spécialement l'entrée. (*Loi du 7 juin 1820.*)

Ces provisions payent dans ce cas, entre les mains de l'administration des tabacs, savoir :

Tabac ordinaire.......... 10f
Poudres de Seville et tabacs dits Kanaster, Porto-Rico et Varinas............. 15
par kilogramme net et jusqu'à concurrence de dix kilogrammes. (*Loi du 7 juin 1820.*)

Cigares de la Havane et des Indes................. 90 sans décime par franc, le mille en nombre, du poids de deux kilogrammes et demi au plus, et seulement jusqu'à concurrence de deux mille. Lorsque le poids des mille cigares dépasse cette limite, le droit est perçu proportionnellement sur l'excédant. (*Lois des 7 juin 1820 et 2 juillet 1836.*)

L'exportation des tabacs fabriqués ne peut avoir lieu sans un permis spécial de l'administration des contributions indirectes. (*Loi du 28 avril 1816.*)

(114) Les tissus de fibres de palmiers et d'écorces dits *pagnes* et *rabanes*, qui n'ont que 8 fils ou moins, dans la mesure de 5 millimètres, payent, à l'entrée, le même droit que les tissus en feuilles. (*Loi du 5 juillet 1836.*)

(115) Les moquettes veloutées ne peuvent entrer que par les seuls bureaux de Lille et de Dunkerque. (*Loi du 5 juillet 1836.*)

(116) L'admission du burail et crépon de Zurich est restreinte au seul bureau de Saint-Louis. (*Loi du 27 mars 1817.*)

(117) Les toiles de *toute sorte* ne peuvent être importées par les bureaux de mer, qu'en colis de 100 kilogrammes et au-dessus, et sans mélange des espèces désignées par le tarif. (*Loi du 17 décembre 1814.*)

Les droits sur les toiles de lin et de chanvre *écrues, blanches* ou *mi-blanches, teintes* et *imprimées*, sont perçus sans distinction du mode de transport. (*Loi du 5 juillet 1836.*)

(118) Aux termes de la loi du 2 juillet 1836, les châles de cachemire ne peuvent entrer que par les bureaux ouverts au transit des marchandises prohibées. (*Voir pour la nomenclature de ces bureaux, le tableau n° 5, page 74.*)

(119) Les tissus de soie pure ou mélangée, provenant de l'Inde, ou dont l'origine d'Europe n'est pas certaine, sont prohibés à l'entrée. (*Loi du 7 juin 1820.*)

Il y a exception à l'égard des tissus de soie pure dits *foulards*, qui sont admis, sans distinction d'origine. (*Loi du 2 juillet 1836.*)

(120) La même unité étant commune à l'entrée et à la sortie depuis la loi du 28 avril 1816, on a pris pour base du droit à appliquer à la sortie sur *les tissus en feuilles*, de paille, d'écorce, etc., le droit établi sur les chapeaux de paille. (*Note 427 du tarif officiel.*)

(121) Les voitures à *l'usage des voyageurs* sont admises par dérogation à la prohibition, à la charge par les voyageurs d'en garantir le renvoi à l'étranger dans le délai de trois ans, en consignant le tiers de leur valeur réelle. La condition du renvoi étant remplie, les trois quarts de la somme consignée sont remboursés.

Il y a exception à cette règle en faveur des voyageurs français qui ramènent les voitures qui leur ont servi. (*Loi du 27 juillet 1822.*)

Sont également affranchis de la consignation pour leurs voitures

1° Les ambassadeurs ou ministres étrangers accrédités près la cour de France, ainsi que les agents diplomatiques et courriers de cabinet qui justifient de leurs titres et missions. (*Arrêté ministériel du 25 septembre 1824, article 1er.*).

2° Les voyageurs dont les voitures sont conduites par des chevaux de poste, quand ces voitures sont chargées de bagages et qu'il est évident qu'elles servent depuis long-temps et qu'elles ne peuvent être un objet de commerce. (*Même arrêté, article 2.*)

3° Les habitants des pays limitrophes qui justifient de leur domicile, s'ils ne viennent en France que momentanément, ou s'ils traversent seulement le territoire français dans une courte distance pour se rendre à l'étranger, et pourvu que les voitures dont ils se servent soient évidemment hors de commerce. (*Même arrêté, article 3.*)

4° Les diligences appartenant à des services publics, soit de France, soit de l'étranger, ainsi que les fiacres et voitures connus pour traverser périodiquement ou habituellement la frontière. (*Même arrêté, article 5.*)

5° Enfin, toute espèce de voitures pour lesquelles on a levé, à la sortie, un passavant descriptif, qui en fait reconnaître l'identité au retour. (*Même arrêté, article 6.*)

(122) Voir la note 33, relative aux limailles de cuivre.

(123) Pour l'application des droits d'entrée et de sortie sur les céréales, les départements frontières sont divisés en quatre classes, conformément au tableau ci-après :

CLASSES.	SECTIONS.	DÉPARTEMENTS.	MARCHÉS RÉGULATEURS.
1re.....	Unique..	Pyrénées - Orientales, Aude, Hérault, Gard, Bouches-du-Rhône, Var, Corse........	Toulouse, Gray, Lyon, Marseille.
2e.....	1re..	Gironde, Landes, Basses-Pyrénées, Hautes - Pyrénées, Ariége et Haute-Garonne..	Marans, Bordeaux, Toulouse.
	2e..	Jura, Doubs, Ain, Isère, Basses-Alpes, Hautes-Alpes..	Gray, Saint-Laurent près Mâcon, le Grand-Lemps.
3e.....	1re..	Haut-Rhin, Bas-Rhin........	Mulhausen, Strasbourg.
	2e..	Nord, Pas-de-Calais, Somme, Seine-Inférieure, Eure, Calvados..	Bergues, Arras, Roye, Soissons, Paris, Rouen.
	3e..	Loire-Inférieure, Vendée, Charente-Inférieure.	Saumur, Nantes, Marans.
4e.....	1re..	Moselle, Meuse, Ardennes, Aisne..	Metz, Verdun, Charleville, Soissons.
	2e..	Manche, Ille et Vilaine, Côtes-du-Nord, Finistère, Morbihan..	Saint-Lô, Paimpol, Quimper, Hennebon, Nantes.

Les prix qui déterminent la quotité des droits à percevoir sont fixés, pour chaque classe, par le ministre du commerce, d'après le prix moyen du froment sur les marchés désignés. Le tableau de ce prix est publié au Bulletin des lois, le 1er de chaque mois. Il sert de régulateur pour l'application des droits pendant le mois de sa publication. (*Loi du 2 décembre 1814 et ordonnance du 18 du même mois; lois des 16 juillet 1819, 4 juillet 1821, 20 octobre 1830, 15 avril 1832 et 26 avril 1833.*)

Aux termes de l'ordonnance du 17 janvier 1830, les grains et farines ne peuvent être importés et exportés que par certains bureaux. (*Voir pour la nomenclature de ces bureaux, le tableau page 76.*)

TABLEAU

TABLEAU DES BUREAUX OUVERTS A L'IMPORTATION

DES MARCHANDISES TAXÉES A PLUS DE 20 FRANCS PAR 100 KILOGRAMMES

OU NOMMÉMENT DÉSIGNÉES PAR L'ARTICLE 8 DE LA LOI DU 27 MARS 1817.

BUREAUX.

DIRECTIONS . . . . . .

DUNKERQUE . . . . .
- Dunkerque.
- Dunkerque, *par Zuydcoote.*
- Armentières, *par la Lys.*
- Lille. . . . *par Halluin et Baisieux pour le commerce par terre, et Bousbeck pour les transports par eau.*

VALENCIENNES . . .
- Condé.
- Blancmisseron.
- Valenciennes.
- Maubeuge.

CHARLEVILLE . . . .
- Rocroy.
- Givet.
- Charleville.
- Sedan, *par S¹-Menges ou par Givonne, substitué à la Chapelle.*

METZ . . . .
- Longwy.
- Évrange.
- Thionville, *par Sierck ou par Évrange, substitué à Roussy.*
- Sierck
- Bouzonville.
- Trois-Maisons, *substitué à Tromborn.*
- Forbach.
- Sarreguemines, *par Grosbliederstroff et Frauenberg.*

STRASBOURG . . . . .
- Wissembourg.
- Lauterbourg.
- Strasbourg.
- L'Ile-de-Paille.
- Saint-Louis.
- Delle.
- Huningue.

BESANÇON . . . . . .
- Verrières-de-Joux.
- Jougne.
- Les Rousses.
- Les Pargots.

BELLEY . . . .
- Bellegarde.
- Seyssel.
- Pont-de-Beauvoisin.
- Entre-deux-Guiers.

GRENOBLE . . . . .
- Chapareillan.
- Mont-Genèvre.

DIGNE . . . .
- L'Arche.
- Saint-Laurent-du-Var.
- Antibes.
- Cannes.

9.

BUREAUX.

TOULON.......	{	Saint-Raphaël. Toulon.
MARSEILLE.....	{	Marseille. Arles. Port-de-Bouc.
MONTPELLIER....	{	Aigues-Mortes. Cette. Agde.
PERPIGNAN.....	{	La Nouvelle. Port-Vendres. Perpignan, *par Perthus.* Bourg-Madame.
BAYONNE......	{	Bedous, *par Urdos.* Saint-Jean-Pied-de-Port. Ainhoa. Béhobie. Saint-Jean-de-Luz. Bayonne.
BORDEAUX.....	|	Bordeaux.
LA ROCHELLE...	{	Charente. Rochefort. La Rochelle. Saint-Martin. (Ile-de-Ré.) Marans. Les Sables.
NANTES........	|	Nantes.
LORIENT.......	{	Vannes. Lorient.
BREST........	{	Quimper. Brest. Roscoff. Morlaix.
SAINT-MALO....	{	Saint-Brieuc. Le Légué. Saint-Servan. Saint-Malo.
CHERBOURG.....	{	Granville. Cherbourg. Caen.
ROUEN........	{	Honfleur. Rouen. Le Havre. Fécamp.
ABBEVILLE.....	{	Dieppe. Saint-Valery-sur-Somme.
BOULOGNE......	{	Boulogne. Calais.

DIRECTIONS.....

(*Lois des 28 avril 1816, 27 mars 1817, 21 avril 1818, 7 juin 1820, 27 juillet 1822, 17 mai 1826 , et 2 juillet 1836.*)

TABLEAU DES PORTS D'ENTREPÔT

OUVERTS À L'IMPORTATION DES MARCHANDISES

DÉNOMMÉES DANS L'ARTICLE 22 DE LA LOI DU 28 AVRIL 1816, ET DES DENRÉES COLONIALES

ADMISSIBLES À UNE MODÉRATION DE DROITS.

BUREAUX.

DIRECTIONS		BUREAUX
TOULON		Toulon.
MARSEILLE		Marseille. Arles.
MONTPELLIER		Cette. Agde.
PERPIGNAN		Port-Vendres.
BAYONNE		Bayonne.
BORDEAUX		Bordeaux.
LA ROCHELLE		Rochefort. La Rochelle.
NANTES		Nantes.
LORIENT		Vannes. Lorient.
BREST		Brest. Morlaix.
SAINT-MALO		Le Légué. Saint-Brieuc. Saint-Malo.
CHERBOURG		Granville. Cherbourg. Caen.
ROUEN		Honfleur. Rouen. Le Havre. Fécamp.
ABBEVILLE		Dieppe. Saint-Valery-sur-Somme.
BOULOGNE		Boulogne. Calais.
DUNKERQUE		Dunkerque.

(*Lois des 8 floréal an XI, 17 décembre 1814, 28 avril 1816, 27 mars 1817, 21 avril 1818, 17 mai 1826, 9 février 1832, et 2 juillet 1836.*)

TABLEAU DES LIEUX
QUI PEUVENT SEULS ÊTRE DÉSIGNÉS COMME POINTS DE SORTIE
POUR LES BOISSONS EXPÉDIÉES À L'ÉTRANGER PAR LA VOIE DE TERRE.

			POINTS DE SORTIE.
DÉPARTEMENTS...	AIN............	Arrondissement de Belley	Port de Cordon. Seyssel.
		Gex........	Ferney. Pouilly-Saint-Genis
	ALPES (HAUTES-).	Briançon.....	Mont-Genèvre.
	ARDENNES......	Rocroy......	Givet. Gué-d'Hossus.
		Sedan........	La Chapelle. Messincourt.
	DOUBS.........	Montbelliard..	Villars-sous-Blamont.
		Pontarlier....	Échampey (les). Verrières-de-Joux. Villers.
	GARONNE (HAUTE-)	Saint-Gaudens.	Fos.
	ISÈRE.........	Grenoble.....	Chapareillan. Pont-Charra.
		La Tour-du-Pin	Le Pont-de-Beauvoisin.
	JURA.........	Saint-Claude..	Les Rousses.
	MEUSE........	Montmédy....	Thonne-la-Long.
	MOSELLE......	Briey	La Malmaison. Mont-Saint-Martin.
		Sarreguemines.	Carling. Forbach. Frauenberg.
		Thionville....	Ottange. Évrange. Apach. Guerstling. Rudwelling. Trois-Maisons.
	NORD.........	Avesnes.....	Bettignies.
		Dunkerque ...	Oost-Cappel. Zuydcoote.
		Hazebrouck..	Hameau de la Béele. Le Sceau.
		Lille........	Armentières. Baisieux. Halluin.
		Valenciennes..	Blanc-Misseron. Bon-Secours.
	PYRÉN. (BASSES-).	Bayonne.....	Ainhoa. Béhobie.
		Mauléon.....	Arnéguy.
		Oloron......	Urdos,

DÉPARTEMENTS				POINTS DE SORTIE.
	PYRÉNÉES-ORIENT.	Arrondissement de Céret		Le Perthus. Prats-de-Mollo. Saint-Laurent-de-Cerda.
		Prades		Bourg-Madame.
	RHIN (BAS-)	Strasbourg		Le pont du Rhin. La Wantzenau.
		Wissembourg		Lauterbourg. Wissembourg.
		Schélestadt		Rhinau. Chalampé.
	RHIN (HAUT-)	Altkirch		Huningue. Saint-Louis.
		Belfort		Delle. Artzenheim.
		Colmar		Ile-de-Paille.
	VAR	Grasse		Saint-Laurent-du-Var.

(Ordonnances des 28 décembre 1828, 25 novembre 1829, 23 août 1830 et 7 février 1833.)

N° 4.

TABLEAU DES BUREAUX

PAR LESQUELS DOIVENT ÊTRE IMPORTÉS LES FERS TRAITÉS AU CHARBON DE BOIS ET AU MARTEAU, POUR ÊTRE ADMIS AUX DROITS ÉTABLIS PAR LA LOI DU 21 DÉCEMBRE 1814.

BUREAUX.

DIRECTIONS		
	MARSEILLE	Marseille.
	MONTPELLIER	Cette.
	BAYONNE	Bayonne. Béhobie. Ainhoa.
	BORDEAUX	Bordeaux.
	LA ROCHELLE	La Rochelle. Saint-Martin (île de Ré.)
	NANTES	Nantes.
	LORIENT	Redon. Lorient.
	BREST	Brest. Morlaix.
	SAINT-MALO	Le Légué. Saint-Malo.
	CHERBOURG	Granville. Cherbourg. Caen.
	ROUEN	Honfleur. Rouen. Le Havre. Fécamp.
	ABBEVILLE	Dieppe. Saint-Valery-sur-Somme.
	BOULOGNE	Boulogne. Calais
	DUNKERQUE	Dunkerque.
	METZ	Thonne-la-Long. Longwy, *par Tellencourt, Mont-Saint-Martin et la Malmaison.* Évrange.

(Lois des 27 juillet 1822, 17 mai 1826, et 2 juillet 1836.)

TABLEAU DES BUREAUX OUVERTS AU TRANSIT

DES MARCHANDISES PROHIBÉES,

ET PAR SUITE, À L'IMPORTATION DES CHÂLES DE CACHEMIRE ET DES OUVRAGES D'HORLOGERIE.

BUREAUX.

DIRECTIONS		
DUNKERQUE.........	Dunkerque.	
VALENCIENNES.......	Blanc-Misseron.	
METZ...........	Longwy. Sierck. Forbach.	
STRASBOURG.......	Lauterbourg. Wissembourg. Strasbourg. Saint-Louis. Huningue.	
BESANÇON.........	Les Pargots. Verrières-de-Joux. Les Rousses.	
BELLEY..........	Bellegarde. Pont-de-Beauvoisin.	
MARSEILLE........	Marseille.	
PERPIGNAN........	Perpignan, *par Perthus*.	
BAYONNE.........	Béhobie. Bayonne.	
BORDEAUX.........	Bordeaux.	
NANTES..........	Nantes.	
ROUEN	Le Havre.	
BOULOGNE........	Boulogne. Calais.	

(*Lois des 9 février 1832 et 2 juillet 1836.*)

Nº 6.

TABLEAU DES BUREAUX OUVERTS A L'IMPORTATION

DES LAINES.

BUREAUX.

DIRECTIONS		
DUNKERQUE.....	Dunkerque. Armentières. Halluin. Turcoing, *par Riscontout*. Lille, *par Bousbeck, Halluin ou Baisieux*. Baisieux.	
VALENCIENNES...	Blanc-Misseron. Valenciennes, *par Blanc-Misseron, Marchipont ou Sébourg*. Maubeuge, *par Bettignies, Villers-sur-Nicole, Jeumont ou Coursolre*.	
CHARLEVILLE..	Rocroy. Givet. Sedan, *par St-Menges ou par Givonne, substitué à la Chapelle*.	

BUREAUX.

DIRECTIONS.....	METZ.........	Sierck. Forbach. Sarreguemines.
	STRASBOURG.....	Wissembourg. Strasbourg, *par la Wantzenau et le pont du Rhin.* Saint–Louis.
	BESANÇON......	Les Rousses.
	BELLEY.......	Pont-de-Beauvoisn Bellegarde.
	GRENOBLE.....	Chapareillan. Pont-Charra.
	DIGNE........	Entrevaux. Saint-Laurent-du-Var.
	TOULON.......	Toulon.
	MARSEILLE.....	Marseille. Arles.
	MONTPELLIER....	Cette. Agde.
	PERPIGNAN.....	Port-Vendres. Perthus. Céret. Bourg-Madame.
	SAINT-GAUDENS..	Bagnères.
	BAYONNE......	Bedous, *par Urdos.* Saint-Jean-Pied-de-Port. Bayonne.
	BORDEAUX.....	Bordeaux.
	LA ROCHELLE...	La Rochelle.
	NANTES........	Nantes.
	LORIENT.......	Lorient.
	BREST........	Morlaix.
	SAINT-MALO.....	Le Légué. Saint-Malo.
	CHERBOURG.....	Granville. Cherbourg. Caen.
	ROUEN........	Honfleur. Le Havre. Rouen.
	ABBEVILLE.....	Dieppe. Saint-Valery-sur-Somme.
	BOULOGNE......	Boulogne. Calais.

(*Ordonnances des 26 juillet 1826 et 3 mars 1833.*)

10

TABLEAU DES BUREAUX

OUVERTS A L'IMPORTATION ET A L'EXPORTATION DES GRAINS, FARINES ET LÉGUMES SECS.

DIRECTIONS.	DÉPARTEMENTS.	BUREAUX ouverts à l'entrée et à la sortie.	BUREAUX ouverts à l'entrée seulement.	BUREAUX ouverts à la sortie seulement.
DUNKERQUE...	Nord	Gravelines..............	"	Hondschoote.
		Dunkerque..............	"	Houtkerque.
		Zuydcoote.............	"	Labèele.
		La Bouckstraete.........	"	Boeschèpe.
		Oost-Cappel............	"	Sceau.
		Steenvoorde, par Labèele...	"	Nieppe.
		Lacdorne	"	Pont-de-Warneton.
		Armentières............	"	Lille, par Bousbeck.
		Pont-Rouge	"	Pont-de-Nieppe.
		Commines	"	"
		Werwick..............	"	"
		Halluin...............	"	"
		Riscontout............	"	"
		Wattrelos.............	"	"
		Leers................	"	"
		Baisieux.............	"	"
		Mouchin	"	"
VALENCIENNES.	Nord	Maulde...............	"	"
		Condé, par Bonsecours.....	"	"
		Blanc-Misseron..........	"	"
		Bellignies.............	"	"
		Honhergies............	"	"
		Malplaquet............	"	"
		Bettignies............	"	"
		Vieux-Rengt...........	"	"
		Jeumont..............	"	"
		Coursolre.............	"	"
		Solre-le-Château........	"	"
		Trélon...............	"	"
		Anor................	"	"
CHARLEVILLE.	Aisne.........	Hirson................	"	La Capelle, par Mondrepuis.
		Saint-Michel...........	"	Watigny.
	Ardennes......	Signy-le-Petit..........	"	Vireux-Saint-Martin.
		Regnowez.............	"	Haut-Butté
		Rocroy...............	"	Les Rivières.
		Gué-d'Hossus	"	Gernelle.
		Fumay...............	"	Bosseval.
		Givet................	"	Puilly.
		Gespunsart............	"	Margut, par Sapogne.
		Saint-Menges	"	"
		Givonne, substitué à la Chapelle.	"	"
		Messincourt...........	"	"
		Le Trembloy	"	"

DIRECTIONS.	DÉPARTEMENTS.	BUREAUX ouverts à l'entrée et à la sortie.	BUREAUX ouverts à l'entrée seulement.	BUREAUX ouverts à la sortie seulement.
	Meuse	Velosnes	//	//
		La Malmaison.	//	//
		Mont-Saint-Martin.	Walschbronn ..	//
METZ.,......		Évrange.	//	//
		Apach.	//	//
		Sierck, par la Moselle....	//	//
		Waldtwiese.	//	//
		Bouzonville.	//	//
	Moselle	Les Trois-Maisons.	//	//
		Creutzwald.	//	//
		Forbach.	//	//
		Grosbliederstroff.	//	//
		Frauenberg.	//	//
		Wolmunster.	//	//
		Haspelschiedt	//	//
		Sturzelbronn.	//	//
		Lembach	//	//
		Wissembourg.	//	//
		Lauterbourg.	//	//
		Münchausen.	//	//
		Seltz	//	//
		Beinheim.	//	//
	Bas-Rhin	Fort-Louis.	//	//
		Drusenheim.	//	//
		Gambsheim	//	//
		La Wantzenau.	//	//
		Le Pont-du-Rhin.	//	//
		Rhinau.	//	//
		Marckolsheim	//	//
STRASBOURG ..		Artzheim.	//	//
		L'Ile-de-Paille	//	//
		Chalampé.	//	//
		Saint-Louis.	//	//
		Hegenheim.	//	//
		Niederhagenthal	//	//
		Saint-Blaise.	//	//
	Haut-Rhin	Wolschwiller	//	//
		Winckel.	//	//
		Courtavon.	//	//
		Pfetterhausen.	//	//
		Réchesy.	//	//
		Courcelles	//	//
		Delle.	//	//
		Croix.	//	//
		Huningue.	//	//

10.

DIRECTIONS.	DÉPARTEMENTS.	BUREAUX ouverts à l'entrée et à la sortie.	BUREAUX ouverts à l'entrée seulement.	BUREAUX ouverts à la sortie seulement.
BESANÇON....	Doubs........	Villars-sous-Blamont.......	"	Montbéliard, *par Hérimoncourt.*
		Morteau, *par les Sarrasins*..	"	Les Sarrazins.
		Le Villers..............	"	Les Fourgs.
		Pontarlier, *par les Fourgs*...	"	"
		Les Verrières-de-Joux.....	"	"
		Jougne................	"	"
	Jura.........	Les Rousses	"	"
		Mijoux................	"	"
BELLEY......	Ain.........	Bellegarde	"	Forens.
		Seyssel................	"	"
		Culles	"	"
		Virignin................	"	"
		Cordon	"	"
	Isère.........	Aoste	"	"
		Pont-de-Beauvoisin........	"	"
		Entre-Deux-Guiers........	"	"
GRENOBLE....	Isère	Saint-Pierre-d'Entremont....	"	"
		Chapareillan............	"	"
		Pont-Charra............	"	"
		Pont-de-Bens...........	"	"
		Vaujany...............	"	"
	Hautes-Alpes....	Le Lauzet..............	"	"
		Mont-Genèvre...........	"	"
		La Monta..............	"	"
DIGNE......	Basses-Alpes....	Saint-Paul	"	Maurin.
		L'Arche...............	"	"
		Fours.................	"	"
		Colmars...............	"	"
		Sausses................	"	"
		Saint-Pierre	"	"
	Var.........	Sallagriffon............	"	"
		Broc.................	"	"
		Saint-Laurent-du-Var......	"	"
		Antibes	"	"
		Cannes...............	"	"
TOULON......	Var.........	Saint-Raphaël...........	"	"
		Saint-Tropez............	"	"
		Salins-d'Hyères..........	"	"
		Toulon	"	"
		Bandol................	"	"
MARSEILLE...	B.-du-Rhône....	La Ciotat..............	"	"
		Cassis................	"	Carri.
		Marseille	"	"
		Port-de-Bouc...........	"	"
		Martigues..............	"	"
		Arles.................	"	"

DIRECTIONS.	DÉPARTEMENTS.	BUREAUX ouverts à l'entrée et à la sortie.	BUREAUX ouverts à l'entrée seulement.	BUREAUX ouverts à la sortie seulement.
MONTPELLIER..	Gard	Aigues-Mortes.............	"	"
	Hérault.......	Cette.................	"	"
		Agde.................	"	"
PERPIGNAN ...	Aude.........	La Nouvelle............	"	Narbonne.
	Pyrénées-Orient .	Saint-Laurent de la Salanque..	"	Bagnols.
		Collioure.............	"	La Roque.
		Port-Vendres..........	"	Céret.
		Perthus..............	"	Arles.
		Saillagousse...........	"	Prats-de-Mollo.
		Bourg-Madame..........	"	"
		Carols................	"	"
SAINT-GAUDENS	Ariége........	Ax, par l'Hospitalet	"	Argelès, par Cauterets et Arrens (H.-Pyr.).
		Tarascon, par l'Hospitalet..	"	"
		Siguer................	"	"
		Auzat................	"	"
		Saint-Girons, par Conflens..	"	"
		Orle.................	"	"
	Haute-Garonne..	Saint-Béat, par Fos........	"	"
		Bagnères	"	"
	Hautes-Pyrénées .	Arreau, par Vielle.......	"	"
		Argelès, par Gèdre.......	"	"
BAYONNE.....	Basses-Pyrénées .	Bedous, par Urdos........	"	Les Aldudes.
		Saint-Jean-Pied-de-Port , par Arnéguy.............	"	Sare.
		Ainhoa...............	"	Olhette.
		Béhobie..............	"	"
		Saint-Jean-de-Luz	"	"
		Bayonne..............	"	"
BORDEAUX....	Gironde.......	La Teste de Busch........	"	"
		Pauillac..............	"	"
		Bordeaux.............	"	"
		Libourne.............	"	"
		Blaye................	"	"
	Charente-Infér...	Royan................	"	"
		Mortagne.............	"	"
LA ROCHELLE.	Charente-Infér...	La Tremblade...........	"	"
		Marennes.............	"	"
		Charente..............	"	"
		Rochefort.............	"	"
		La Rochelle............	"	"
		Saint-Martin (île de Ré)....	"	"
		Marans...............	"	"

DIRECTIONS.	DÉPARTEMENTS.	BUREAUX ouverts à l'entrée et à la sortie.	BUREAUX ouverts à l'entrée seulement.	BUREAUX ouverts à la sortie seulement.
La Rochelle. (Suite.)	Vendée	Luçon................	*ll*	*ll*
		Saint-Michel............	*ll*	*ll*
		Moricq, *par l'Aiguillon*	*ll*	*ll*
		Les Sables.............	*ll*	*ll*
		Saint-Gilles.............	*ll*	*ll*
		Croix-de-Vie............	*ll*	*ll*
Nantes.	Vendée	La Barredemont.........	*ll*	*ll*
		Beauvoir	*ll*	*ll*
		Boin.	*ll*	*ll*
		Noirmoutiers...........	*ll*	*ll*
	Loire-Inférieure..	Bourgneuf.............	*ll*	*ll*
		Pornic...............	*ll*	*ll*
		Saint-Nazaire...........	*ll*	*ll*
		Paimbœuf.............	*ll*	*ll*
		Nantes, *et les lieux de chargement situés au-dessous jusqu'à Paimbœuf.*	*ll*	*ll*
		Le Poulguen, ...	*ll*	*ll*
		Le Croisic.............	*ll*	*ll*
		Mesquer..............	*ll*	*ll*
Lorient	Ille-et-Vilaine...	Redon................	*ll*	*ll*
	Morbihan......	La Roche-Bernard........	*ll*	*ll*
		Penerf...............	*ll*	*ll*
		Sarzeau..............	*ll*	*ll*
		Vannes...............	*ll*	*ll*
		Auray................	*ll*	*ll*
		Hennebon.............	*ll*	*ll*
		Lorient	*ll*	*ll*
Brest.......	Finistère.......	Quimperlé.............	*ll*	*ll*
		Pontaven.............	*ll*	*ll*
		Pont-l'Abbé...........	*ll*	*ll*
		Quimper..............	*ll*	*ll*
		Audierne.............	*ll*	*ll*
		Camaret..............	*ll*	*ll*
		Port-Launay...........	*ll*	*ll*
		Landernau............	*ll*	*ll*
		Brest................	*ll*	*ll*
		Abrevrach............	*ll*	*ll*
		Roscoff..............	*ll*	*ll*
		Morlaix..............	*ll*	*ll*
		Paimpoul.............	*ll*	*ll*

DIRECTIONS.	DÉPARTEMENTS.	BUREAUX ouverts l'entrée et à la sortie.	BUREAUX ouverts à l'entrée seulement.	BUREAUX ouverts à la sortie seulement.
SAINT-MALO. .	Côtes-du-Nord...	Toulanhery.............	//	//
		Lannion...............	//	//
		Perros................	//	//
		Tréguier..............	//	//
		Lézardrieux...........	//	//
		Pontrieux.............	//	//
		Paimpol...............	//	//
		Portrieux.............	//	//
		Le Légué.............	//	//
		Dahouet..............	//	//
		Port-à-la-Duc.........	//	//
		Dinan................	//	//
		Binic................	//	//
	Ille-et-Vilaine...	Saint-Servan...........	//	//
		Saint-Malo............	//	//
CHERBOURG...	Manche......	Granville.............	//	//
		Régneville............	//	//
		Saint-Germain-sur-Ay.....	//	//
		Portbail..............	//	//
		Carteret..............	//	//
		Dielette..............	//	//
		Omonville.............	//	//
		Cherbourg.............	//	//
		Barfleur..............	//	//
		Carentan.............	//	//
	Calvados......	Isigny................	//	//
		Caen, par Ouistreham.....	//	//
ROUEN......	Calvados......	Honfleur	//	Quillebœuf (Eure).
	Seine-Inférieure.	Rouen................	//	//
		Le Havre.............	//	//
		Caudebec.............	//	//
		Fécamp..............	//	//
ABBEVILLE ...	Seine-Inférieure.	Saint-Valery-en-Caux......	//	Le Crotoy (Somme).
		Dieppe................	//	Abbeville (idem).
		Tréport	//	//
	Somme.......	Saint-Valery-sur-Somme	//	//
BOULOGNE....	Pas-de-Calais ...	Étaples...............	//	//
		Boulogne.............	//	//
		Calais................	//	//

DIRECTIONS.	DÉPARTEMENTS.	BUREAUX ouverts à l'entrée et à la sortie.	BUREAUX ouverts à l'entrée seulement.	BUREAUX ouverts à la sortie seulement.
Bastia	Corse.	Macinaggio.	//	Saint-Florent.
		Bastia.	//	Venzolasca.
		Cervione	//	Propriano.
		Bonifacio	//	//
		Ajaccio	//	. //
		Calvi	//	//
		Ile-Rousse.	//	//

(*Ordonnances des 17 janvier et 23 août 1830 , 5 avril 1831 , 27 janvier et 24 mars 1832, 18 août 1833 et 19 mars 1835.*)